成语解字

杨渡 冯翊纲 编著

生活·讀書·新知 三联书店

天文气象篇

天 107
空 111
气 114
日月 117
星 122
雷电 126
露 131

地理篇

石 139
丘峰 143
江 148
河 151
海洋 154

植物篇

草 163
叶 167
树 170
花 174
华 178
实 181
竹 184

动物篇

鱼 191
鸟 195
羊 199
鸡 203
狼 207
鹿 210
乌 213
雀 216
凤 219
鹤 223

目录

序：让汉字成为有趣的艺术 … 1

数字篇

一 … 7
二 … 11
三 … 14
四 … 17
五 … 20
六 … 23
七 … 26
八 … 29
九 … 32
十 … 35
百 … 38
千 … 42
万 … 45

五行篇

金 … 53
木 … 57
水 … 61
火 … 64
土 … 67

时间篇

古今 … 75
朔望 … 80
朝夕 … 86
旦 … 91
夜晚 … 94
明 … 100

五感篇	视	闻	听	甘	触		人生篇	人	生	老	病	死	残		情感篇	喜	乐
	347	351	354	358	361			367	370	373	377	381	385			393	396

悦	恭	畏	愤	怨	怜	虑	忧	恐	思	欲	恶
435	432	428	425	422	419	416	412	409	406	403	400

方位篇

东 229
西 234
南 239
北
内 244
外
前 248
后 252
上 256
下
中 259

体貌篇

骨 265
皮 269
肤 272
头 275
面 279
眉 283
目 286
眼 289
自 292
鼻 296
耳 300
口 303
唇 306
舌 309
身 312
腹 316
背 320
心 324
肠 327
胆 329
手 332
掌 335
脚 338
足 341

序：让汉字成为有趣的艺术

杨　渡

从整体意义上来说，您现在所见的这本《成语解字》像是一幢大楼建好后的展示橱窗，显示出整体结构所形成的美好成果。每一个成语背后都是一则故事，而故事的背后则是中国的历史，而历史更创造出了无数的典故与成语。

不信，请你猜一猜，项羽和刘邦的楚汉相争创造了多少成语？举例言之："取而代之""以一当十""扛鼎拔山""破釜沉舟""披坚执锐""项庄舞剑，意在沛公""沐猴而冠""锦衣夜行""一决雌雄""妇人之仁""所向披靡""四面楚歌""霸王别姬""无颜见江东父老""人为刀俎，我为鱼肉""约法三章""明修栈道，暗度陈仓""一败涂地""十面埋伏""成也萧何，败也萧何"……"所向披靡"，让我们联想到项羽在最后的决战中，以悲剧英雄的形象，冲入刘邦大军，万夫莫敌，直至战死。而"四面楚歌"则让我们仿佛看见安静的夜晚，在兵荒马乱、兵戈狼藉的战场上，几个身心俱疲的老兵，忽然听见家乡的老歌，想起家乡的父母、离散的妻儿，那是何等悲凉！楚汉相争尚且如此，更不必说三国了。

一个单独的字因成语而有了丰富的表情，成语则因历史典故而有了深厚的文化底蕴。这是本书最有趣味的地方。

汉字有两大特性，是其他文字所没有的。第一，它是至今仍被使用的"活的"象形文字。其他象形文字如埃及文字、玛雅文字都只存文献研究功能。如此长时期的文字发展史，让汉字源流不仅有文字学的意义，更有深刻的文化意涵，值得做更深的探究。第二，汉字是具有艺术性的文字，这点独一无二。汉字书写本身就是一种艺术，艺术家可以用自成风格的文字书写所思所想之外，更可通过各种文字书写工具（毛笔、头发等）呈现狂放、凝敛、忧伤、郁闷等意绪，以及不同的人格风骨、内心情怀、艺术修为。而后人更可经由一个艺术家的书迹去感知他书写时的心境与情感脉动。这种绵延千年的书法艺术，的确是汉字最独特、最微妙之处。然而，除了艺术性，汉字最重要的仍是实用性——如何正确学习和使用汉字。

此时正是世界风行学中文的时机。美国企业界、政界的后代以学中文为风尚。一时间，如何有效学习中文成为议论焦点。关于中文研究的各种书籍，无论是字形、字音还是字义，如雨后春笋般出现。坦然言之，其中也不乏望文生义、望形说意、因意生思想的误读。一般而言，缺乏文字学的学理基础，总免不了各言其是之病。在热潮中，书海浩瀚，谁也不可能逐一加以订正。于是我们想趁着这热潮，为真正的汉字学习做一点基础工作，让学习可以导入正轨。

2010年，在两岸融洽的气氛中，为增进彼此的了解，促进深层的交流，大家决定做更多的事。六十几年的隔绝，自然有语言文化上的差距，所以两岸合编《中华语文大辞典》就成为目标。我是台湾方面的负责人，要从辞典、文化、教育、艺术、科技等各界寻找合适的专家,与大陆教育部辖下的语言学会对接起来,建立语料库,对照两岸用语,撰写词条,互相审订。此次,生活·读书·新知三联书店依据大陆地区的需要,对此书做了部分修订,重新编排后出版,我在此特别致谢。同时,也要特别感谢在两岸合编大辞典过程中参与其中的几百位工作者,没有他们的努力,这些浩繁的工作将难以完成。唯愿这些工作成果,可以为文化的长路增添一块基石。

数字篇

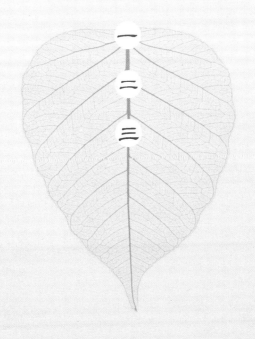

一

汉字源流

| 甲骨文 | 金文 | 战国文字 | 篆文 | 隶书 | 楷书 |

甲骨文之 一，历经金文、战国文字、篆文、隶书、楷书，用简单的一横，以示一个概括的意思，不是专指某一特定之物，所以属臆构的虚象造字。在六书（一般指象形、指事、会意、形声、转注、假借）中属于指事。战国文字弌与弋二形常相混，证以《说文》古文弌，则弌应从弋、一声。之所以加弋为形，是使记数明确，不致增添窜改。

本义是数字的开始，最小的正整数，如"道生一，一生二，二生三，三生万物"（《道德经》）。引申为序号的开始，如"一年级"。引申为相同，如"高矮不一""表里不一"。引申为专一，如"一心学佛"。引申为全部、完全，如"长烟一空""一反常态"。引申为很少，如"一本万利"。引申为另一或又一，如"生鱼片，一名刺身"。引申为一旦，如"一败涂地"。引申为一部分，如"只知其一，不知其二"。引申为竭尽，如"一力承担"。引申为初次，如"一见如故"。引申为短暂，如"一扫而光"。引申为刚才，如"一想到他，他就来了"。引申为偶然，如"一不注意""一不小心"。引申为竟然，如"为法之敝，一至此哉"（《史记·商君列传》）。假借为姓。

■ 一了百了

宋代大儒朱熹在讲做学问的方法时说："有资质甚高者，一了一切了。"意思是，资质好、领悟力好的人，只要一个环节懂了，其他问题也都明白了。这是成语"一了百了"的源头，这个"了"原来是了悟的意思，后来却成了"了结"，变成主要的事情了结,其他的事也跟着了结。也有只要一死,事情就跟着结束的意思。

■ 一鼓作气

春秋时,齐国和鲁国曾缔结盟约,但齐国却违背承诺,出兵攻打鲁国。鲁庄公出兵应战,当他想要击鼓准备攻击的时候,曹刿却阻止他说:"不可以。"等到齐军敲过了三通鼓,曹刿才说:"可以击鼓进攻了!"鲁军战鼓一响,激起了士兵们高昂的士气,大家勇往直前,锐不可当,结果齐军大败,狼狈而逃。这时鲁庄公想乘胜追击,却又被曹刿阻止说:"还不可以!"接着曹刿下车仔细观察地面上齐军兵车留下的轨迹,又瞭望齐军退走的情形,然后说:"现在可以追击了!"于是鲁军乘胜前进,追赶落败的齐军,终于把齐军赶出鲁国。战胜后,鲁庄公就问曹刿这么做的原因。曹刿说:"打仗是凭着一股勇气,第一通鼓响,士兵的勇气最旺盛,第二通鼓响,士气稍微衰退,等到第三通鼓响,应战的勇气已经消失殆尽了!这次和齐军作战,他们击第三通鼓,我们才击第一通鼓,正是敌人的勇气大减,而我们的士气最旺盛的时候,所以我们才能打败敌人。再者,像齐国这样的大国,用兵是很难猜测的,我担心他们会有埋伏,所以下车查看,看到他们的车迹混乱,旗帜也散乱地倒下,可以断定他们是真的被打败了,才敢放心地乘胜追击。"后来"一鼓作气"就被用来比喻做事时要趁着初起时的勇气去做,勇往直前,才能一举成事。

■ 一鸣惊人

春秋时期,楚庄王即位已经三年,却看不到他积极处理国事。有天,大臣就打了个比方说:"有一只大鸟,栖息在南面的山丘上,三年没有拍动翅膀,而且不飞也不叫,连一点声音都没有,这是什么鸟啊?"楚庄王明白了他的意思,回说:"那可不是只平凡的鸟,它虽然不飞,要飞一定冲上高空;现在虽然不叫,要叫一定震惊天下。你宽心吧,我明白你的意思。"过了半年,楚庄王亲自处理政事,改革了不合理的制度,杀了几个误国的大臣,提拔贤才,把楚国治理得非常强盛,楚庄王也成为春秋五霸之一。"一鸣惊人"用来比喻平时默默无闻却突然有惊人的表现。

二

汉字源流

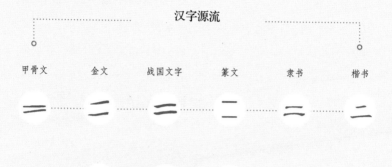

从甲骨文到楷书，除战国文字**弍**、《说文》古文弍之外，其形都一致。篆文之形，特别强调二横长短相同，隶书就不这么要求了，成了上横短、下横长；楷书承接隶书，据以为形。以上诸形都由两个"一"字构成，以示其义。在六书中属于同文会意。"二"字既由两个"一"字构形，两横就应写得一样长。如写成上横短、下横长的"二"，就成了上下的"上"字。因古文"上"的写法，就是上横短、下横长，写成 二。不过，如今从俗，定其形为"二"。

本义是数目名，引申为排行第二，如"二哥""二爷"。引申为次要的，如"二老板""二当家"。引申为两样的，如"不二价"。引申为不专一的，如"三心二意""怀有二心"。

二是数字，但我们在使用的时候，常常是用"两"来替代，像是我们说两个，不说二个。两只老虎，不是二只老虎，一举两得，不是一举二得。还有"脚踏两条船"，在清代，就有小说使用"身骑两头马，脚踏两来舡"。两来舡就是两条船的意思。比喻人投机取巧，两方讨好。做人千万不要"模棱两可""脚踏两条船"，否则别人可是会和你"一刀两断""势不两立"的。

■ 不二法门

不二，就是唯一的、绝对的。法门，是指修行者的门径。不二法门，就是到达绝对真理的方法。众菩萨发表各自对"入不二法门"的见解，文殊菩萨认为"不二法门"就是不可用言语说明、无法用意念去体会、无法问答的。后来文殊菩萨转问维摩诘的意见，维摩诘一句话也不说。文殊菩萨看了，就明白过来，他说："善哉！善哉！原来真正的不二法门是不需要语言来形容的。""不二法门"成为一句成语，除了佛经原有的意思外，经常用来指唯一的方法或途径。

■ 一举两得／一举二得

战国时期，齐国要攻打楚国的时候，楚王派了陈轸前往秦国，要说服秦王出兵阻止。秦王见了陈轸，就对他说："你以前在秦国任职，说起来我们算是旧识。可是因为我没有治国的才能，所以你就离开秦国到楚国去了。现在齐、楚要打起来了，我如果出兵相救，也许有利有弊。你现在不能只为楚王出谋划策，应该也为我谋划一下。"陈轸这时就说了："以前有两只老虎，为了抢东西吃而相斗，管庄子就要将它们杀死。这时，管与却阻止说：'两只老虎互相争斗，结果必定是强的受伤，弱的死亡。既然如此，你等老虎受了伤再杀它们，就可以只做一个动作而同时干掉两只老虎，省了一次的力气。'"陈轸说这个故事，是要告诉秦王，齐、楚两国如果开战，秦国派兵前往，既有救齐国的好处，又没有伐楚的危险与害处。他的计谋不仅让秦国得到好处，也同时为楚国解除了危机。而陈轸在说服秦王时，说的这个老虎的故事，就成了一举两得的典故来源，意思是做一件事同时有两方面的收获。

三

汉字源流

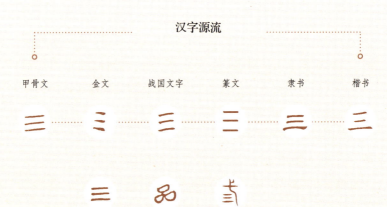

| 甲骨文 | 金文 | 战国文字 | 篆文 | 隶书 | 楷书 |

甲骨文、金文字形都由三个横画或三个斜点会合构成。战国文字、篆文，承自金文。隶书、楷书沿之，无所改易。在六书中属于同文会意。

本义为记数之名，如"三月""三哥""三山半落青天外"。引申表示多数，如"三思而行""三折肱为良医""三月不知肉味"。也假借为姓。

一日三秋

出自《诗经》，《采葛》一诗刻画恋人间的相思之情，全诗描述一对分隔两地的恋人的相思之情，将分离的感受用度日无限长久来表达："彼采萧兮，一日不见，如三秋兮。"生动地刻画了殷切思念的心情。"一日三秋"这个成语就从这里演变而出，用来比喻思念心切。

三人成虎

战国时期，魏王派大臣庞葱（一作庞恭）陪太子到邯郸去做人质。庞葱知道朝廷之中经常有谣言中伤自己，他害怕自己不在的时候，魏王会听信谣言，就在临行之前去找魏王，说："大王，如果今天有一个人告诉大王，大街上出现了一只老虎，大王会相信吗？"魏王回答："不会相信。"庞葱又问："如果有第二个人说大街上出现了老虎，大王会相信吗？"魏王回答："那我就会半信半疑了。"庞葱继续问道："如果有第三个人也说大街上出现了老虎，那大王会相信吗？"魏王回答："那我就不得不相信了。"这个故事就是"三人成虎"，用来比喻谣言一再重复，亦能使人信以为真。

■ 入木三分

　　东晋时期的书法家王羲之，擅长行书、草书和楷书。一般而言，秀丽的字体会显得柔弱无力，而苍劲挺拔的字，又常会显得厚重刚硬，然而王羲之所写的字，却是风格超凡，刚柔并济，苍劲豪迈中不失秀丽细致。经过勤学苦练，他的笔力更是强健有力，无人能比。据说，有一次皇帝在北郊举行祭祀，必须更换原本已写有祝祭文的木板，工人们在削去王羲之写过的木板时，发现王羲之上次的笔迹竟然透入木板有三分之深！"入木三分"后来演变为成语，用来比喻评论深刻中肯或描写生动逼真。

■ 三顾茅庐

　　这是很有名的典故了。东汉末年，刘备前去拜访诸葛亮，一连去了三次，才见到人。刘备不顾身份，一连三次专程拜访的诚心终于感动了诸葛亮，答应替他效力。后来"三顾茅庐"这个成语就用来比喻对贤才真心诚意地邀请、拜访。

四

汉字源流

| 甲骨文 | 金文 | 战国文字 | 篆文 | 隶书 | 楷书 |

甲骨文、金文、战国文字都作四短画,表示"四"的概念。六书中属于同文会意。金文中也有作 🅇,像四合五方之形;战国文字则四合之处略有缺口,并延伸其中二画,当是金文 🅇 的变形。篆文之后的字形则是根据金文 🅇 之形而来,只是笔画略作弯曲变化。在六书中属于指事。

本义是数词,介于三和五之间的自然数,像是"四张桌子""四朵花"。引申为序数,即第四,如"四年级""四更天"。假借为姓。

■ 四分五裂

战国时期,张仪和魏王分析魏国的地理形势,他说魏国四方受敌,容易被四面的国家攻打、分割,就是所谓"四分五裂",因此与秦国交好才能免于这样的劣势。"四分五裂"就是从这个典故来的,后来被用来形容分散并且不完整、不团结。

■ 四面楚歌

项羽和刘邦楚汉相争,他们约定以鸿沟为界,东为项羽所有,西则归于刘邦。后来刘邦破坏约定,一方面率领军队攻打已经撤退的楚军,一方面联合其他将领的军队将楚军重重包围在垓下。楚军不但士兵死伤惨重,粮草也快用尽了。夜里,竟然从汉军阵营中传来楚地的歌谣。楚兵听到故乡的歌谣,不禁想起因为连年南征北讨已经很久没有回去的故乡。项羽听到歌谣也非常吃惊,认为局势已经到了无法挽救的地步,于是连夜带着士兵突围。"四面楚歌",用来比喻四面受敌,孤立无援。

■ 家徒四壁

司马相如是西汉著名的辞赋家,但他家境非常贫寒。有一次,他在宴会上认识了富商的女儿卓文君。因为他们都赏识彼此的才华,所以决定私奔。卓文君和司马相如回到成都,但家里除了四周的墙壁外,什么都没有。他们就来到了卓文君的故乡临邛卖酒。"家徒四壁"这个成语就是从这里来的,形容家境贫寒,一无所有。

■ 朝三暮四

庄子曾经讲了一个寓言故事,说有一个养猴人跟他养的猴子说:"我决定每天早上喂你们吃三升橡果,下午喂四升。"结果猴子嫌吃得太少了,很不高兴。于是,养猴人就说:"那这样好了,我们就改成早上吃四升,下午吃三升。"猴子们听了都很高兴,以为吃的橡果变多了。其实,"朝三暮四"和"朝四暮三",总数都是一样的,但猴子却被表象蒙蔽,一会儿生气一会儿高兴。人也是这样,常常自以为是而不知。"朝三暮四"就是从这里来的,原本是指实质不变,用改眉换目的方法使人上当,后来用来形容人反复无常。

五

汉字源流

甲骨文作X，呈纵横交错的虚象，金文、战国文字、篆文之形皆承之。《说文》作X，亦交错之形。隶书二例，前例承篆文而中路交会笔画略为弯折；后例承自篆文，而中路交会处变作右下折笔。楷书之形承自隶书后例，而中路右下折笔作平直折笔以定体。在六书中属于指事。

本义为交会，假借为记数之名，如"五月初五""五哥"。也假借为姓。

在中文里，有很多和五有关的并称，像是：

四书五经——《诗》《书》《礼》《易》《春秋》

阴阳五行——金、木、水、火、土

五谷杂粮——稻、黍、稷、麦、菽

三纲五常——仁、义、礼、智、信

五官——眼、耳、口、鼻、舌

■ 三令五申

春秋时期，吴王要孙武实际演练《孙子兵法》，就召集了宫中的嫔妃宫女，让孙武指挥她们。孙武把她们分成两队，命吴王最宠爱的两个嫔妃做队长，接着发布命令，要她们依令而行。女兵们都说："明白了。"孙武又抬出刑具，设定刑罚，再三向她们申诫，一定要服从军令。但是当孙武击鼓发出号令时，女兵们却大笑起来，完全没有依令行动。孙武就说："没有把命令解释清楚，这是将官的过失。"于是孙武再将刚才的命令详细解说一次，又击鼓发出号令。女兵还是嘻嘻哈哈。孙武便说："既然命令已经解释清楚，却仍不肯听令，那就是队长和士兵们的错。"孙武就命令随从把两个队长推出去斩首了。吴王本来只是图好玩儿,没想到孙武竟然真的要斩他的爱姬,吓得连忙下令阻止,说:"我刚才只是想试试先生的能力,现在我已经知道先生真的很会带兵,就请先生不要将我的爱姬斩首吧!"孙武却回答:"我既然已经受命为将领,在军队中,就无法完全听从国君的命令。"他仍旧斩了两个队长,以收儆戒之效。之后女兵们便完全听从孙武的命令,不敢再当成儿戏了。"三令五申"就是从这里来的,是再三命令告诫的意思。

■ 五光十色

魏晋南北朝时期,江淹写了一首《丽色赋》描绘一位绝色美女,里面有两句说:"五光徘徊,十色陆离。"形容佳人一动,就像色彩鲜艳、灿烂夺目的云彩。后来"五光十色"这个成语就从这里演变而出,用来形容景色艳丽复杂,光彩夺目。也用来形容事物的内容丰富,变化万端。

■ 学富五车

战国时期,庄子主张逍遥,惠施喜欢讲逻辑,庄子就常将惠施当作反面例子。有次他说,惠施读过的书虽可以装五辆车之多,学问渊博,但也弄得太庞杂,道理并不容易说清楚。"学富五车"就是从这儿来的,形容学问渊博。

六

汉字源流

| 甲骨文 | 金文 | 战国文字 | 篆文 | 隶书 | 楷书 |

甲骨文、金文的"六"字，像是刻画一栋房子的侧面之形，上面由左右两片屋檐覆盖组成，底下则是撑起屋檐的两根柱子，形式上显得简单，说明其似乎为临时搭建的处所。由于"六"很早就没有房屋的概念，都是以数字的表达为主，于是属于"六"原本造字的意义被读音相近的"庐"字所取代。"庐"本身即有临时搭建的意味，如"草庐"。

到了战国文字，部分"六"字的笔画开始产生变化，这个变化是从两片屋檐而起，由 ∧ 的曲笔逐渐拉直，而屋檐顶端的交会处形成"一点"，于是产生了 ㅗ 的笔画，后来的隶书、楷书的字形基本就是承袭战国文字变化后的形体。至于篆书的字形，上方的屋檐之形产生变化，把本来展开作飞翔状的屋檐描绘成了往内包覆柱子的笔画。

六是一个数目字，用来表示数量，例如六只猫、六双鞋。大写写作陆地的"陆"。六也用来表示次序，例如"六月""六年级""第六天"。也假借为姓。

■ 三姑六婆

"三姑六婆"原本是指古代妇女的九种职业，三姑分别是尼姑、道姑、卦姑。六婆有"牙婆"（撮合生意的中间人，也顺便买卖人口），妓院的"虔婆"，帮人接生的"稳婆"，卖药的"药婆"，还有"媒婆"跟"巫婆"。

这些职业被当时的社会认为是不高尚的，但是古代妇女大部分都足不出户，只能等这些三姑六婆串门子的时候聊聊"八卦"，这样很容易造谣生事。所以就有人用"三姑六婆"来比喻那些爱搬弄是非的妇女。

■ 三头六臂

三头六臂是出自佛教的典故。佛教经典里说，阿修罗有三颗头，八条手臂，这个阿修罗神是个恶神，虽然属于天界，却性情狡诈阴险。他体形高大，力大无比，"三头八臂"就是他力量强大的象征。但是后来这个"八臂"被说成"六臂"，所以"三头六臂"就从这里出来，用来说人本领强，力量大。

■ 六神无主

六神无主的"六神"，是指人的六大器官之神。六神无主是指身上所有的神魂都失去了定位，也就是心慌意乱了。"六神无主"这个成语常见于古典小说中，像是在《醒世恒言》里，提到明朝有个汪知县，因为知道卢柟是个才子，交游广阔，又听说他家中的园林造景特别，有心要与他结识，便让人去请卢柟来会面。卢柟天生恃才傲物，知县一连请了五六次，也不理会。知县见卢柟不肯来，情愿自己前去拜访，差人跟卢柟订了日子，去赏梅花。然而就在约会的前夕，因为新的按院到任，必须前去接待，只好改期。但等到知县事情大致忙完，已是春季桃花盛开之时，又令人去和卢柟约期见面。天下就有这么巧的事，就在知县正要赴约时，怀有五个月身孕的夫人忽然流产了，晕倒在地，血沾满了身子。把知县吓得六神无主，根本没有心情去喝酒赏花了，只好差人再去向卢柟告罪。"六神无主"用来形容心慌意乱，拿不定主意。

七

汉字源流

| 甲骨文 | 金文 | 战国文字 | 篆文 | 隶书 | 楷书 |

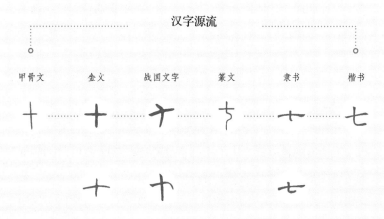

甲骨文作七，横画表示被切割的物体，直笔表示切断，"切"字的初文。金文作七，承甲骨文而来。战国文字横画略为右下弯，篆文直笔略作弯曲，以示与"十"有所分别。隶书承篆文而直笔右弯，楷书沿之而定体。在六书中属于指事。

本义为切割的意思。假借为记数之名，如"七夕""七月"。民俗中借指人死后每隔七日祭悼亡魂的代称，如"做七""七七"。也假借为姓。

■ 七上八下

这个成语是形容人心情起伏不定，心情的"上""下"就是"忐忑"。"方寸里七上八下，如咬生铁橛"，意思是内心忐忑，像是咬到铁钉一样。

■ 七零八落

"零落"原来是指草木凋落，屈原在《离骚》里写道："惟草木之零落兮，恐美人之迟暮。"后来引申成死亡、落魂、零散等意思。这个词镶嵌入七和八，就变成了七零八落。完整的整体分散开来，支离破碎了。

■ 七窍生烟

"七窍生烟"是说人的脸上眼、耳、鼻、口七个孔都冒出火，生出烟了，夸张地形容一个人为了某人或某事十分焦急或气愤到了极点。这个用法较早可以在《说唐演义全传》里看到，是写隋末唐初英雄的开国事迹。

　　隋炀帝主政后，暴乱荒淫，导致天下大乱，群雄并起，其中以唐公李渊与瓦岗寨群雄的势力最大。有一次，邱瑞和宇文成龙领兵攻打瓦岗寨。寨里的军师徐茂公施计斩下了宇文成龙的首级，送到他父亲宇文化及府中，并附上模仿邱瑞笔迹的书信。信中写道："你儿子不把我元帅放在眼内，屡次违我军令，今已把他斩首，特此告知。"宇文化及看了勃然大怒，马上拿给隋炀帝看。隋炀帝派人去捉拿邱瑞的家人，可是邱瑞的家里早就没有人了。于是炀帝又派官差飞奔到瓦岗，命令邱瑞自尽。这时邱瑞的儿子邱福赶到营中，告诉父亲说，家人都在瓦岗城中安顿妥当了，请邱瑞归降。邱瑞听后一时气得七窍生烟，主意全无。一会儿，他接到圣旨，皇上要赐死自己，邱瑞只得长叹一声，吩咐邱福先去通报，随即收拾十五万人马，归降瓦岗。

八

汉字源流

甲骨文　　金文　　战国文字　　篆文　　隶书　　楷书

甲骨文、金文、战国文字、篆文诸形都以左右各一笔外伸，示分别之意，隶书继之，楷书沿之。以上诸形，都据臆构的虚象造字。在六书中属于指事。有学者以其像人之双臂下垂外伸，义为手臂，则属象形（《文字析义》），可备一说。

本义是手臂。引申为分、别，如"今江浙俗语，以物与人谓之八"。比拟像八形的样子，如"八字眉"。假借为数目名，十个数目的第八位，如"四维八德"。或假借为很多的，如"八面威风"。也假借为姓。八用来表示数量，如"八爪章鱼"。也是序数，例如"八月""第八天"。

■ 八拜之交

元朝王实甫著名的杂剧《西厢记》说的是张君瑞和崔莺莺的爱情故事。在戏里，张君瑞第一次出场向观众自我介绍时，就说他和老友杜确是八拜之交。古时候对父执辈要行八拜礼，所以朋友如果和手足一样亲密，结为异姓兄弟姐妹，也要视对方的父执辈如自己的亲人，就称作"八拜之交"。

■ 八面玲珑

出自唐代卢纶的诗作。在他的《赋得彭祖楼送杨德宗归徐州幕》中有"四户八窗明，玲珑逼上清"句，诗句描写彭祖楼的环境，称它四面八方都有宽大的窗户，所以室内光线十分充足，洁净明亮，直逼仙境。因为八面都透光，所以称作"八面玲珑"。后来意思改变了，成为一个成语，用来形容人的言行手段十分巧妙，处世圆融。

■ 才高八斗

东晋时有位著名的诗人谢灵运，他从小受到良好的教育，很有才华，也很有学问。他赞扬曹植（曹子建）说："如果把天下文才的总和当作一石，那么曹子建一个人能独占八斗，我得一斗，天下其他的文人共得一斗。"

谢灵运才华出众，却不得志于当时，因此所表现出来的另一种态度便是恃才傲物。"才高八斗"，虽然表面上是推崇曹植的文采之高无人能及，实际上，却是暗讽世人所有的才学加起来，还不如自己一人。谢灵运的这种态度，让权臣更容不下他，几经贬谪，最后在广州被杀。

■ 半斤八两

十六两为一斤，半斤就等于八两，所以用"半斤八两"来比喻两者相等，彼此一样。在宋朝已经是常用的俗语。戏曲里就已经有这样的台词。两个丑角为钱起了争执，旁人说两个人是"半斤八两"，一样无理。

九

汉字源流

甲骨文　　金文　　战国文字　　篆文　　隶书　　楷书

甲骨文二例，像有柄和曲刃的镰刀，属象形。金文之㇈，承自甲骨文，只是横把太过弯曲，稍失其形。战国文字之九，源自甲骨文第一例，又较金文之形更像镰刀的样子。篆文作九，横把拉长，曲刃又不够弯曲，则更失其形。隶书作九，则又贴近甲骨文之形。楷书之形，沿自隶书以定体。以上诸形，都据具体的实象造字。在六书中属于象形。

本义是镰刀。此义文献不见应用，而都为假借义所专。假借为数名，如"九州岛""九流十家"。据此引申为多数，如"九死一生""九合诸侯"。引申为深，如"九泉之下"。引申为高，如"九霄云外"。也假借为姓。

■ 一言九鼎

战国时期，赵国首都被秦兵围困，情况非常危急。赵王派平原君到楚国求援。平原君要从门下食客中选二十个人一起去楚国，但挑来挑去就只挑到十九个。这时有个叫毛遂的人，出来自我推荐，想一块儿去。到了楚国，毛遂又主动出面，向楚王分析情势，义正词严，气势凌人，楚王就答应与赵国订立盟约。平原君完成任务回到赵国，称赞毛遂说："毛先生使我们赵国的地位大大提升，比九鼎大钟还要有分量。毛先生的口才，真是比百万大军还要强大。""一言九鼎"这个成语就从这里演变而出，形容说话很有分量，也指一个人说话很有信用。

■ 九牛一毛

这个成语和《史记》的作者司马迁有关。李陵将军出兵攻打匈奴，却战败投降。汉武帝知道了以后非常生气，不但杀了李陵全家，还囚禁了为李陵辩护的司马迁，甚至对他处以宫刑。司马迁受到极大的打击，本来想一死了之，但转念一想，人都会死，但死有重于泰山，也有轻于鸿毛，像他这样官位低微的人死了，就像九头牛身上少了一根毛，一点影响也没有，不但得不到同情，还会遭人耻笑（见《报任少卿书》）。于是司马迁决定忍辱负重，最终完成了《史记》这部伟大的著作。

■ 九死一生

爱国诗人屈原，性格耿直骄傲。后来，他被别人进谗言诬陷，楚怀王因而逐渐疏远了他。于是，屈原作《离骚》，表明爱国心志。意思是说，虽然楚怀王听信谗言疏远他，但他还是不放弃自己的理想，绝不与奸佞之徒同流合污。"亦余心之所善兮，虽九死其犹未悔。""九死一生"就从这里演变而出，用来形容历经极多、极大的危险而幸存。

■ 九霄云外

唐朝的刘禹锡和白居易是知交好友。有一次，他们一起登上了栖灵寺塔。这个塔高九层，气势宏伟，在塔顶观景，就像身处层层白云之上。刘禹锡作了一首《同乐天登栖灵寺塔》，其中有一句是"九层云外倚阑干"。"九霄云外"这个成语就从这里演变而出，用来比喻天上无限高远的地方。

汉字源流

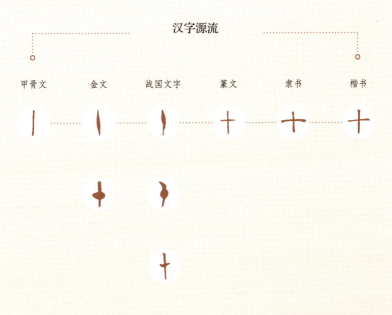

| 甲骨文 | 金文 | 战国文字 | 篆文 | 隶书 | 楷书 |

甲骨文之形,像结绳记事的绳子。金文有二形:一为记事的绳子,一为已记事打结的绳子。战国文字又有一形,由绳子中的点改为横画而作十,为篆文所本,隶书、楷书沿之,都据臆构的虚象造字。在六书中属于指事。

本义是数字聚合,引申为数名,如"人一能之,己十之";引申为很多的,如"十目所视,十手所指,其严乎?"引申为第十位,如"是岁十月之望"。引申为圆满,如"十全十美"。引申为完整,如"岁终则稽其医事,以制其食,十全为要"。也假借为姓(中国大陆特有)。

■ 一目十行

一般人用眼睛看书,一次只能看一行,可是有些人一次可以看多行,所以就用"一目多行"来形容阅读速度很快。东汉的孔融,曾经写了一篇文章,里面提到八个特别有才能或者品行良好的人。其中之一可以同时阅读五行字,原文中就有"五行俱下"的说法。后来又有很多这一类的用法,但是"一目十行"最为常见,于是演变成现在的成语。

■ 一曝十寒

战国时期的齐王,为政没有什么成就,让当时的人很不满意。但孟子说:"这并不是因为大王不够贤能。因为就算是天下最容易生长的生物,如果让它在太阳底下曝晒一天,又放在很冷的地方待十天,它也没有办法存活。我跟大王相处的时间有限,一旦我离开,那些奸臣小人又来动摇大王的决心,我就算能让大王萌生一些向善的念头,又有什么用呢?"后来"一日暴之,十日寒之"演变为"一曝十寒"这个成语,用来比喻人做事缺乏恒心,时常中断。

■ 十全十美

"十全十美"的"全"和"美"都有圆满的意思,而"十"是数目之足,所以"十全十美"就可用来比喻圆满美好、毫无缺陷的境界。"十全"这个用法,《周礼》里面讲述"医师"一职的绩效考核时曾提到以"十全为上"。意思是治疗了十个病人,通通痊愈,这实在太强人所难了。

■ 闻一知十

颜回天资聪颖,安贫乐道又好学,在众多弟子中孔子视他为自己最得意的学生。子贡能言善辩又足智多谋,料事多中,也是孔子的得意门生。有一次,孔子问子贡:"你和颜回,到底谁比较优秀?"子贡回答:"我怎么敢跟颜回比呢?他听说一件事,就能推知十件,我顶多两件而已。"孔子也说:"是比不上啊!我和你都比不上他呢!"后来,"闻一知十"就用来形容人禀赋聪敏,善于类推。

百

汉字源流

| 甲骨文 | 金文 | 战国文字 | 篆文 | 隶书 | 楷书 |

"百"字从甲骨文到楷书都有，变化不大，是由"白"字分化出来的。在甲骨文的"白"字上添一横笔，中间再加入八形，就分化出"百"字。古人以增加笔画的方式，让"百"与"白"在字形上有所区隔。本是大拇指"擘"的初文。到了金文，"百"字作从"一"、从"白"。战国文字有的将字形偏旁的"白"进一步讹变成"自"，《说文》正是承袭这种系统的写法；或是在原有的横笔上再添一饰笔，字形更加繁复。虽然"百""白"可通过字形严格加以区分，但在先秦出土文献中却常常以"白"为"百"。《说文》解释"百"字为"十十也。从一白"，在六书中属于合体指事。

本义为十的十倍，在文献数据中几乎都作数词使用，如"百子图""百分比""百年树人"。引申为数量或品类很多，如"百家姓""百花齐放""百科全书"。引申为完全，如"百无禁忌"。也假借为姓。

"百"这个字，常常都是用来比喻数量很多的意思，例如"百货""百姓""百叶窗"。中国有个育儿习俗，就是为婴儿穿上百家衣，希望小孩能得百家之福，少病少灾，长大成人。而这个百家衣，就是由向多家近亲邻居求来的碎布，一片一片缝在一起的衣服。特别是一些姓氏谐音特别吉利的人家，能为小孩祈福。

■ 一呼百诺

西汉韩婴的《韩诗外传》内有一篇是在比喻君臣关系。文中说，能做表率的人是老师，而只会投合、讨好，人家一呼唤就连声应诺的是奴才。上等的君主要以老师为辅佐，奴才辅佐出来的君主，就会陷国家于濒危灭亡的处境。"一呼百诺"这个成语就从这里演变而出，形容奴才众多，势力强大。

■ 百步穿杨 / 百发百中

楚国有一个名叫养由基的人，善于射箭。在距离柳树一百步的地方射击，射出一百支箭，每一箭都能射中柳叶。一旁观看的人都夸赞他射得很好。但是有一个路过的人却劝道："你射柳叶百发百中，却不节制、不休息，等疲倦了，一箭也射不中，就会前功尽弃。"

"百步穿杨"和"百发百中"这两个成语，用来形容射箭技术高超或射击技艺高强。"百发百中"也可以指人料事如神或用计准确。

■ 五十步笑百步

战国时期，有一次孟子去见梁惠王，梁惠王说："我治理国事，真是尽心尽力了！河内遇到饥荒，就把灾民迁移到河东，又运粮食来赈济。当河东遇到饥荒，也是这样处理。看看邻国，没有一个国君像我这样用心的，但是邻国的百姓没有减少，我国的百姓也没有增多，这是什么缘故呢？"孟子回答说："您向来喜欢打仗，我就用战争来做个比喻。战鼓咚咚地敲着，两军的刀剑已经交锋。战败的士兵丢盔弃甲，拖着兵器逃走了，有的逃了一百步才停下来，有的逃五十步就止步了。如果逃了五十步的人取笑那逃了一百步的，说他胆子小，您觉得怎么样呢？"梁惠王说："只不过没跑一百步罢了，但逃了五十步也是逃跑啊！"

孟子说："您既然明白这个道理，就不必奢望百姓会增多了。彼此都不管人民的死活，怎么能期望人民来归附呢？"后来这个故事被浓缩成"五十步笑百步"，明明和别人有同样的缺点或错误，却自以为是，还讥笑别人。

千

汉字源流

| 甲骨文 | 金文 | 战国文字 | 篆文 | 隶书 | 楷书 |

从甲骨文到楷书,千字都是从一,表示一个数目单位;人声,表示音读。古人先假借"人"字表"十百",后来又于人下加一横线,成为十百数目的专用字。在六书中属于形声。

本义是数目名,指十的百倍,大写作"仟"。引申表示数量众多,如"千刀万剐""千言万语""成千上万""千秋万代""千变万化""千挑万选"。也假借为姓。

- **一字千金**

吕不韦主持完成的二十余万字的《吕氏春秋》包含了历史、地理、传记,涵盖天地万物和古今之事。吕不韦很得意,把它公布在咸阳城门口,请大家提供意见批评指正。他说如果有人能更动其中的一个字,就赏赐千金。但由于吕不韦当时位高权重,没人愿意得罪他,所以始终没有人出面批评。这让吕不韦和《吕氏春秋》名扬天下。"一字千金",原用来比喻文辞精当、结构严谨的作品,也有用其字面意思,用来指书法写得非常好,一字价值千金。

- **一诺千金**

汉朝初年有个人叫季布,他很讲信用,凡是答应过的事,一定办到,因此享有盛名。有个叫曹丘生的去拜访季布,他说:"楚人有一句谚语说:'得黄金百斤,不如得季布一诺。'"季布听了这句恭维的话很高兴,就以上宾之礼招待他,临走的时候还送了他一份厚礼。曹丘生继续替季布宣扬,季布的名声也就越来越大。"一诺千金"就是从"得黄金百斤,不如得季布一诺"而出,用来形容信守承诺,说话算话。

■ 千里鹅毛

有一次,宋朝的欧阳修收到朋友送来的一包银杏,写了一首《梅圣俞寄银杏》答谢他。诗中有句:"鹅毛赠千里,所重以其人。"用千里迢迢送来一根鹅毛作为比喻,表示银杏虽然不是多么珍贵的礼物,但因为是朋友的一片心意,所以弥足珍贵。

另外还有一个故事。唐朝的时候,回纥(今云南境内)进贡了一只天鹅,护送天鹅的使者缅伯高经过沔阳湖时,想帮天鹅洗澡,却不小心让天鹅飞走了,只剩下一根鹅毛,他只好写了一首诗向皇帝请罪。诗里头就有一句是:"物轻人意重,千里送鹅毛。"皇帝看了这首诗之后,居然就原谅他了。

■ 千钧一发

大文豪韩愈被贬到潮州当刺史的时候结识了一个老和尚。两人很谈得来,外面的人都传言说韩愈也信佛了。他的朋友孟郊听到传闻,很疑惑,因为韩愈本来是最反对佛教的,于是就写了封信去问这件事。韩愈收到后马上回了信,在信里他解释他没有信奉佛教,同时批评大臣们蛊惑皇帝,皇帝又因此疏远贤人。他在《与孟尚书书》里写道:"百孔千疮,随乱随失,其危如一发引千钧……"就是说时政之危,就像是在一根头发上挂着千钧重的东西一样。"千钧一发"就是指情况非常危险。

万

汉字源流

甲骨文　　金文　　战国文字　　篆文　　隶书　　楷书

甲骨文作𧌒，周代金文作𧌒、𧌒等，像蝎子之形，突出其利钳，长尾毒螫，中像环节。"万"字之毒螫后讹变为"厹（内）"，后假借为数目专字，本义湮没。秦篆后隶书上部作"艹"。《说文·内部》："𧇽，虫也。从厹，象形。"在六书中属于独体象形。

本义为蝎子。假借为数词，表示十千，如"乃求千斯仓，乃求万斯箱"（《诗·小雅·甫田》）、"车六七百乘，骑千余，卒数万人"（《史记·陈涉世家》）。引申为极多、众多，如"排除万难"、"万国咸宁"（《易·乾卦》）、"万金宠赠不如土"（唐·柳宗元《古东门行》）。引申为绝对，如"万不得已""万万不可""万全之策""使中主守法术，拙匠守规矩尺寸，则万不失矣"（《韩非子·用人》）。引申为古代大型舞蹈名，如《左传·庄公二十八年》"为馆于其宫侧而振万焉"。也假借为姓。

■ 千军万马

南朝梁有个大将军叫陈庆之，他战功彪炳。后来北魏的北海王来向梁朝投降，请求梁朝立他为北魏的皇帝。梁武帝接纳了他，并派陈庆之护送北海王回到北魏。北海王称帝之后，封陈庆之为镇北将军，征伐残余势力，节节胜利，名震一时。由于他的军队都穿着白袍，所向披靡，所以洛阳有首童谣就唱："名师大将莫自牢，千兵万马避白袍。"（《梁书·陈庆之传》）"千军万马"这个成语就从这里演变而出。

■ 千变万化

周朝的时候，有个能幻化的人从西方来，能进出水火，穿透金石，把山川夷为平地，把城市迁到别处；能凌空又会穿墙，变化多端，无穷无极。周穆王对他非常敬畏，奉若神明。

有一次，周穆王西游，遇到一个巧匠，名叫偃师，他制作的木偶跟真人一样，在操控下还能跳舞，动作十分灵巧。周穆王见了非常惊奇，就称赞工匠的技艺精巧，"千变万化"。

■ 包罗万象

这个成语与古代一本风水学的书籍有关，叫《黄帝宅经》，讲述阴阳宅位的风水易理。书序里，作者提到当今不少宅经中的知识"包罗万象"、内容广泛，包括日月、乾坤、寒暑、阴阳等，人每天都会接触到，又是祖先留下来的智慧，一定要好好利用。"包罗万象"这个成语就被用来形容内容丰富，应有尽有。

■ 腰缠万贯

"贯"是古代计算钱币的单位，一贯有一千钱，"腰缠万贯"那可是非常富有的。

南朝有个故事说的是几个人聚在一起说自己的愿望，有人说"愿为扬州刺史"，有人说"愿多资财"，还有人说"愿骑鹤上升"，这三个人的志愿其实就是当官、发财、成仙，也是一般人最普遍的渴望。而在他们三人说完后，又有一人跟着说出他的志愿是"腰缠十万贯，骑鹤上扬州"，也就是带着很多的财富，成仙驾鹤，前往扬州就任刺史，前面三个人的愿望，他全要。

数字篇

■ 万劫不复

世界的一次形成和毁灭被称为一劫,万劫就是很长的时间,有永远的意思。佛教用语。佛经劝人不要做坏事,如果轻视小罪过,以为没有关系,那么罪恶之心就像小水滴积成大缸水,变成大罪恶。人万一堕入地狱,就算经历了万劫那么久的时间,也无法投胎变回人身。这就是"万劫不复",也被用来比喻无法挽救。

五行篇

金 — 木 — 水

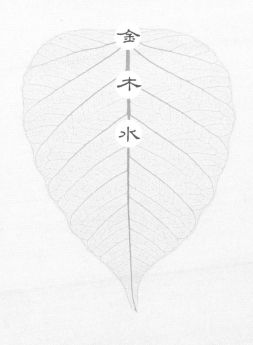

金

汉字源流

甲骨文	金文	战国文字	篆文	隶书	楷书

金文三例,其形或有两点,或有三点,或有四点,凡此都像金粒之形,是"金"字的初文,有独立的形、音、义,属象形。由于金粒藏于土中,就增土为形,而金粒就成了声符,成为从土、丨丨(∴或∵)声的形声字。后又加今声在土之上,成了"从土,丨丨今皆声"的形声字。战国文字的一、二例,和金文的字形大同小异,其第三例和隶书的第二例以及楷书的形体一致。篆文之金最能看出其形为从土、丨丨今皆声。金也是"从土、∴今皆声"的形声字。隶书第一例,形变为金,颇失其形。

本义是一种金属,计有白金、青金、赤金、黑金和黄金。引申为金属的统称,如"金、银、铜、铁、锡"。引申为货币、金钱,如"拾金不昧""挥金如土"。引申为金属制成的兵器,如"刀、剑、金、革"。引申为金属制成的器具,如"金钟""金杯"。引申为珍贵、贵重的,如"金科玉律"。引申为坚固的、严密的,如"金城汤池"。引申为古时八种乐器之一,如"匏、革、土、木、石、金、丝、竹"。引申为五行之一,如"金、木、水、火、土"。比拟像金的颜色,如"金光闪闪"。假借为星名,如"金星"。或假借为朝代名,如"金朝"。也假借为姓。

在古代,"金"用来指金属做的兵器、钟鼎等物。"金文"就是刻在青铜器上的文字,又叫"钟鼎文"。

■ 金屋藏娇

"金屋藏娇"的典故大家耳熟能详。汉武帝小的时候,长公主问他:"宫里有这么多美女,你想娶谁当媳妇呢?"汉武帝说他都不喜欢。长公主听了,就指着自己的女儿,问:"那把阿娇嫁给你,好不好?"阿娇和汉武帝是青梅竹马,汉武帝本来就很喜欢她,所以就很高兴地说:"如果我娶了阿娇,一定会盖一座金屋给她住!"后来汉武帝果然和阿娇成婚,即位之后也立阿娇为皇后。"金屋藏娇"后演变为成语,比喻男人纳妾或有外遇。

■ 金科玉律

扬雄是西汉后期的重要文人,擅长写汉赋,他和司马相如、班固、张衡并称"汉赋四大家"。他这个人口吃,不擅说话,以文章见长,其中一篇就赞扬了王莽,说他效法上古尧舜以及商周的美好制度,制定了完善严密的法令,因此得到上天降下的种种祥瑞。("懿律嘉量,金科玉条。")"金科玉律"就是从这里来的,用来比喻不可变更的信条。

■ 纸醉金迷

《清异录》载,唐朝有个叫孟斧的医生,时常出入皇宫给人治病,看了宫室的建筑,就留下了深刻的印象。后来他隐居蜀中,就把一个小房间布置得窗明几净,器物上都贴上金纸,金光四射。有人看过后就跟人说:"在这个房间里,会让人沉醉在绚烂的金光里。"("此室暂憩,令人金迷纸醉。")这就是"纸醉金迷"。后来这个成语演变成奢侈浮华的享乐生活。

■ 惜墨如金

宋代有个叫李成的人,出身贵族,很有才华,但是在政治上不得志,于是纵情山水,以画自娱。他的画独树一帜,不轻易下重笔,先用淡墨一遍遍薄薄地涂,最后才用浓墨润色,层次逐渐深入,浓淡有致,有人就评论他这样的画画方式为"惜墨如金"。后来演变成成语,比喻写字、作画态度谨慎,不轻易下笔。

木

汉字源流

| 甲骨文 | 金文 | 战国文字 | 篆文 | 隶书 | 楷书 |

"木"字从甲骨文到篆文之形都上像树枝,中像树干,下像树根,据具体的实象造字。在六书中属于象形。字经隶书,形变作木,树枝拉直,而为横画,遂失其形,楷书沿之而定体。金文第二例作𣎳,上端填实,以黑点表树枝浓密之形,不失木的基本结构,所以仍属象形。

本义是树木,如"十年树木,百年树人"。引申为木材,如"朽木"。引申为棺材,如"行将就木"。引申为古时八种乐器之一,如"匏、革、土、木、石、金、丝、竹"。引申为朴直,如"刚毅木讷,近仁"。引申为呆板,如"木头木脑"。引申为没有知觉,如"麻木不仁"。引申为五行之一,如"金、木、水、火、土"。比拟像树形直立,如"木然无言"。假借为星名,也假借为姓。

■ 木已成舟

古人制造木舟、木船,是用一块大木头挖凿而成。《易经》所说的"刳木为舟,剡木为楫"就是这个意思。因为要挖木为船,所以在制作之初,如果后悔,这块木头仍可移作他用。假如木头都挖空了,船都完成了,才来后悔,那就来不及了。因此古人用"木已成舟"来表示事情发展已成定局,无法改变了。

■ 行将就木

春秋时期,晋献公晚年十分宠爱骊姬,想要改立骊姬的儿子为太子。结果,太子申生被迫自杀,次子重耳逃亡国外十九年。重耳逃亡了以后,流转于各个诸侯国之间,在狄国(又作翟国)

住了十二年,娶了季隗为妻。逃离狄国之际,他要季隗等他二十五年,如果没有回来就改嫁。季隗说,她已经二十五岁,再过二十五年就是快要进棺材的老太婆了,还改嫁作甚,坚持要等他。后来,重耳借助秦穆公的力量回到晋国,即位成为晋文公,并依言将季隗接回国。"行将就木"这个成语就是从这里来的,用来指年纪已大,寿命将尽。

■ 麻木不仁

麻木不仁原本是一个医学用语。《黄帝内经》介绍了"痹症",是人体遭受风寒侵袭后,气血运行失常,于是肢体、关节酸疼、麻木等的一种疾患。后来演变为成语,比喻对事物漠不关心或反应迟钝。

■ 槁木死灰

槁木,是干枯的木头;死灰,是不再燃烧的灰烬。庄子《齐物论》里写到,颜成子游看见老师南郭子綦仰望天空缓缓吐气,像精神离开了形体,于是问:"形固可使如槁木,而心固可使如死灰乎?"意思是:形体可以像枯木一样静立不动,精神也能像冷却的灰烬一样吗?南郭子綦回答说,因为他已经忘掉自己的形体,达到对外物无动于衷、物我两忘的境界了。后来"槁木死灰"变成成语,形容人遭受挫折变故后灰心绝望的样子。

■ 缘木求鱼

战国的齐宣王想效法春秋时的齐桓公与晋文公,成就霸业,于是向孟子请教他们的事迹。孟子说他没听说过,但可以讲述怎么以"仁"统治天下。他认为最重要的就是照顾百姓,尊敬自己的父兄子弟,再推己及人。如果不从基础开始,就想称霸天下,那跟爬到树上抓鱼一样,是不可能达成的。"缘木求鱼"从这里演变为成语,是用错方法、徒劳无功的意思。

水

汉字源流

| 甲骨文 | 金文 | 战国文字 | 篆文 | 隶书 | 楷书 |

甲骨文三例，以水直立示形，都像水流的样子。金文三例，都承于甲骨文第一例，中像水的主流，两侧像水花，属象形。战国文字三例以及篆文皆源自甲骨文、金文之形。字经隶书，体变作水，略失其形，楷书则沿之而定体。以上诸形，都据具体的实象造字。在六书中属于象形。

本义是水流。引申为水域，如"三面环水"。引申为水路，如"水陆畅通"。引申为洪水，如"地势低洼，一发水不得了"。引申为河流，如"汉水"。引申为液体，如"自来水"。引申为五行之一，如"金、木、水、火、土"。另外，水还用来指附加的收费或额外收入，如"捞油水"。假借为星名，如"水星"。也假借为姓。

■ 水到渠成

苏东坡刚被贬到黄州的时候，连薪水都没有，家里人口又多，弄得他很烦恼，痛下决心要节省度日。他每月初一从储蓄中拿出四千五百钱，分成三十份，每份一百五十钱，将它们挂在屋梁上。每天清晨，他用画叉挑取一份后，就把叉给藏起来。这些钱就是一天的花销，剩下的存入大竹筒中，用在招待客人上。这样一来，原有的储蓄大概还可以支撑一年多。一年多以后，再另作打算，反正水到渠成，眼前不必先作考虑。有了这样的安排，就没什么好烦恼的了。

■ 水泄不通

春秋荒淫无道的楚平王，因不满忠臣伍奢的直言忠谏，给他扣上谋反的罪名，囚禁了起来。伍奢的大儿子也被逮捕了，只有小儿子伍子胥逃脱。楚平王就颁布一道诏书："凡能活捉伍子胥的人，赏金千斤，封邑万户；如有收容纵放的，全家处斩。"诏书一下，到处布满重兵，防备严密，连一点水也无法泄漏。"水泄不通"这个成语就用来形容包围得很严密或拥挤不堪。

■ 水深火热

战国时燕国内乱，齐国乘机攻打。齐宣王觉得吞并燕国是天意，但孟子认为是民心。他说："今天攻打一个国家，对方人民出来迎接，必定是希望来军能解救他们于水深火热之中。假如相反，让他们陷入更大的痛苦，又怎么会出来欢迎？"这后来演变为成语"水深火热"，比喻处境非常艰难。

■ 近水楼台

"先天下之忧而忧，后天下之乐而乐"，这句话是宋朝范仲淹所说。他重用贤能，乐于提拔下属。但有个叫苏麟的巡检，见唯独自己没被举荐，便写了一首诗给范仲淹："近水楼台先得月，向阳花木易为春。"（见《清夜录》）暗示说"在大人身边的都受到提拔，却唯独没有我啊！"范仲淹看完就明白了，为他荐举了一个理想职位。后来"近水楼台"演变为成语，就是说得地利之便，先得机会。

火

汉字源流

甲骨文	金文	战国文字	篆文	隶书	楷书

甲骨文二例，都像火焰上升的样子，只是第二例在火焰中多了一些火星，然无损音、义，所以都据具体的实象造字，在六书中属于象形。战国文字则用线条表现，少了下端的边缘，而多了上端的饰画，颇失其形。篆文火，承自战国文字之形，而除去其饰画，较为简明。字经隶书，体变作火，楷书沿之，也就不易看出它的原形了。

本义是火焰，如"星星之火，可以燎原"。引申为烧，如"火其书"。引申为怒气，如"火冒三丈"。引申为紧急，如"十万火急"。引申为中医指人体内的燥热之气，如"肝火"。引申为枪炮弹药，如"军火"。形容红色，如"火鸡"。引申为五行之一，如"金、木、水、火、土"。假借为星名，如"火星"。也假借为姓。

■ 如火如荼

春秋时，吴王夫差打败了越国，正想继续攻打国力最强的晋国，以成为霸主，越王勾践却趁机带兵攻击吴国。吴王和大臣商讨后，决定战胜再回国，以鼓舞民心。半夜，马匹喂足粮草，士兵都吃饱了，穿好盔甲，摆开方阵。中军的士兵一律穿白的——白衣服、白盔甲，手拿白旗，用白羽箭，远远望去好像一片白色的花；左军一律穿红的，看上去像一团火球；右军则穿黑的，一片乌黑。天刚亮，吴军已接近晋营，晋国国君见到盛大的军容，赶紧派人议和，尊吴王为霸主。吴国的军队"望之如荼""望之如火"，后来就变成"如火如荼"，形容事物兴盛或气氛热烈。

■ 抱薪救火

战国时期，秦王一直想并吞其他国家。魏国对秦战败后，打算割地讲和，孙臣认为不妥，就说："这个做法对贪婪的秦国是行不通的。拿土地去讨好秦国，就像抱着木柴去救火，火在木柴烧光前是不会熄灭的。这样下去，总有一天魏国也会被秦国并吞。"魏王虽然表示认同，但还是担心秦国不高兴，依旧割地讨好秦国，最后果然被并吞了。"抱薪救火"用来比喻用错方法，导致灾祸加深。

■ 玩火自焚

春秋时期，卫国公子州吁弑兄夺位，大臣、百姓均不赞成。为了提高威望，他就准备出兵攻打世仇郑国。鲁隐公就此事询问大夫众仲，众仲回答："以乱服人就像整理丝线，不先找出头绪，只会让事情越来越糟。而且，用兵就像玩火一样，如果不知节制，总有一天会引火上身，烧死自己。"后来州吁虽然战胜，却如众仲所言，没有获得百姓的爱戴，反而不久就被杀了。"玩火自焚"比喻盲动、蛮干的人最后自食恶果。

■ 洞若观火

《尚书·盘庚上》记载了商朝君主盘庚对那些专权弄政的贵族大臣的训诫之词。盘庚说自己看着他们的计谋私心，就像看着火光一样清楚，只是因为拙于谋划，才会犯下过失。他迁都后，消弭了王室内部的纷争，促进经济发展，也为后来的盛世打下基础。"洞若观火"，用来比喻观察事物非常透彻。

土

汉字源流

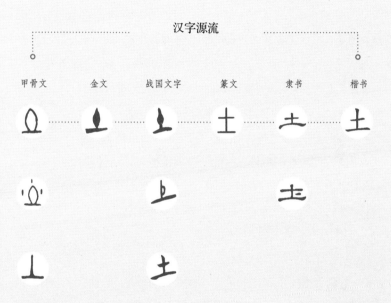

| 甲骨文 | 金文 | 战国文字 | 篆文 | 隶书 | 楷书 |

甲骨文之"土",三例都像地上土块之形,据具体的实象造字。在六书中属于象形。金文土字填实,本为常例,自归象形。战国文字之一、二例,上承甲骨文、金文之形,这点显而易见,应少争议;唯其第三例,土块之点改易为"十",颇离原形,但可为篆文之"土"找到演变之迹,归于象形。隶书之"土",承自篆文。至于另一形之右方多一点,实属书写的饰画,隶书、草书多见,应无关其六书的归属。楷书承于隶、篆,可谓显明,自宜归于象形。

本义是土块,如"积土成山"。引申为乡里,如"故土"。引申为疆域,如"国土"。引申为本地的,如"土产""土语"。引申为地区特有的习俗,如"风土"。引申为不合时宜的,如"土里土气"。引申为古时八种乐器之一,如"匏、革、土、木、石、金、丝、竹"。假借为生的鸦片,如"烟土"。也假借为姓。

■ 土崩瓦解

汉武帝继位后,一改汉朝初年无为而治的政策,进行了很多重要的改革,包括独尊儒术、统一货币、削藩集权、攻打匈奴,这些措施使汉朝声威大震,但长期对外用兵,也让经过多年休养生息后丰裕的国力消耗殆尽。为了应付庞大的军费,汉武帝又开纳捐之例(也就是卖官),把盐、铁、酒国营专卖,但是种种措施都无法改变国势颓败的趋势。卖官造成贪污风气,重用酷吏,律令严苛,刑狱泛滥,臣民生活痛苦。当时的臣子徐乐,很想挽救国势，就上书汉武帝陈述治国之道。他说："国家最大的忧患，在于土崩，而不在于瓦解。所谓的土崩，就是人民因为不堪暴政之苦，终于群起反抗。所谓的瓦解，就是政权内部的互相争斗。土崩，会让政权被推翻，建立新政；瓦解，只是人事的改变而已。"徐乐希望以此提醒汉武帝不可一味地穷兵黩武，要体谅人民的疾苦，使得人民能够真正地安居乐业。这样一来，自然能够威震天下，平服四夷。这就是"土崩"和"瓦解"的出处，到了后来两者合用，比喻彻底溃败，不可收拾。

■ 卷土重来

晚唐诗人杜牧，有鉴社会黑暗、政治腐败，作了不少借古讽今的诗。《题乌江亭》是他经过乌江亭时所作。乌江亭据传为当年项羽自刎的地方。楚汉相争，垓下一战，楚军瓦解，项羽自认愧对江东父老，羞愤自杀。后人多赞赏项羽的气节，杜牧却不以为然。这首诗开门见山即点出胜败乃兵家常事，能忍辱负重的才是"男儿"，像项羽这样失败就以死了断，是一种怯懦的行为。其实他所率领的一批江东子弟，其中不乏才俊，若是能重整旗鼓，谁胜谁败还说不定呢！"卷土重来"这个成语，就从"卷土重来未可知"这一诗句摘录而成，用来比喻事情失败后，重新整顿。

■ 挥金如土

宋代的毛滂写了一篇文章《祭郑庭诲文》，里头写他的好友郑庭诲，退休后每日饮酒作诗，不问世事。他视富贵如浮云，

"挥金如土",交了许多好友,自由自在,毫无牵挂。这里的"挥金如土"是指不看重金钱,原来并没有贬义,只是后来我们用到"挥金如土"时大多是指别人极端浪费钱财,花钱就像撒土一样。

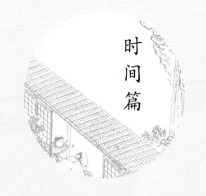

时间篇

古 — 今 — 耕

古今

汉字源流

| 甲骨文 | 金文 | 战国文字 | 篆文 | 隶书 | 楷书 |

甲骨文之"古",原本作𠮷,上从十,下从口。一口为一代,十口为十代,相继传承,历时长久。即事情经许多代人的辗转流传,年代自必久远。其另一形作𠮷,因𠮷被借为方国之名,就加囗以示区别,则其构形为从囗,古声。金文、战国文字、篆文之形都承甲骨文𠮷而来,隶书、楷书继之而不变,当为从十、从口以会意。在六书中属于异文会意。𩇯是晚周俗体。

本义是很久以前的年代。引申为久远,如"树石千年古"。引申为古代遗留下来的,如"古刹""古琴""古画""古迹"。引申为古代的事物,如"信而好古"。引申为年老的,如"古稀之年"。引申为祖先、先人的,如"古训是式"。引申为质朴,如"人心不古"。引申为陈旧的思想,如"食古不化"。也假借为姓。

汉字源流

| 甲骨文 | 金文 | 战国文字 | 篆文 | 隶书 | 楷书 |

甲骨文作 A，从人，像屋脊之形。"一"像阴影之形，表示屋宇下的阴影。金文承之，下部的短横画变作短钩形，并与屋脊形相接。战国文字承之，上部的屋脊形变作二"人"形，已失其原形，下部的亦与屋脊形相接。篆文承自甲骨文，下部的短画变作短钩，并与屋脊分离。隶书两例均承自篆文，下面的部分略有变异。楷书承袭篆文，下部的直钩变作左倾而定体。在六书中属于合体象形。

本义为屋下阴影，乃"阴"字的初文。假借为现时，如"现今""今朝"。也假借为姓。

■ 古色古香

南宋赵希鹄写了一本关于考察、鉴赏古文物的作品（《洞天清录》）。依中国的传统说法，文具也叫文房器物，赵希鹄在书中论述了鉴赏、收藏、装裱等方面的经验。赵希鹄谈到辨别画作真伪的方法时说古画会因为时日久远，沾染灰尘，呈现黑色或淡黑色，散发出一种古雅的色彩和情调，具有独特的气味。如果是后人仿作的，则多为黄色，而且色彩鲜明，没有任何的灰尘与暗淡的色泽。"古色古香"用来形容具有古雅色彩和情调的书画、器物、建筑、艺术品等。

■ 人心不古

元曲名家刘时中见到江西大旱、灾民受难的情况，作了两套散曲。第一套陈述饥荒时"谷不登，麦不长"，人民没有食物的悲惨遭遇，愤怒斥责了奸商富豪趁火打劫的罪行，展现出元代社会严重的阶级压迫。第二套则是揭露官吏的无能与违法乱纪。他形容一群暴发户般的官员狼狈为奸,勾结作恶,尽日将精力耗费在吃喝嫖赌上,完全不顾百姓生计。刘时中说:"不是我要讲他们的坏话,但怎么能眼睁睁地看着邪恶战胜正义?现在的人根本完全丧失了古时候的淳朴。'人心不古',明明是人,但行事却跟禽兽一样。""人心不古",就用来感叹后来的人失去了古人的忠厚淳朴。

■ 博古通今

"博"和"通"都有见识广大的意思,一个人如果对于古今之事都能通晓,学问自然十分渊博。《孔子家语》中记载着孔子曾对弟子南宫敬叔称赞老子,说老子的学问渊博,通晓古今,又明白礼乐的源流演变,可以作为自己的老师。所以他就要弟子驾车带他前去拜访老子,向他请教礼乐之事。后来"博古通今"这个成语就用来形容人学问渊博,通晓古今。

朔望

汉字源流

甲骨文	金文	战国文字	篆文	隶书	楷书

金文始出现"朔"字，写作从月，屰声。战国文字、篆文、楷书都继承金文的写法。隶书朝则将左偏旁"屰"线条平直化改作㐄。在六书中属于形声。

本义指月球运行到地球和太阳之间，地球上看不到月光的农历每月初一，如"朔日""朔月""朔望"。引申为开始、最初的意思，如"朝菌不知晦朔""皆从其朔"。假借为北方，如"朔风""朔雪""朔漠"。假借作汉代郡名，如"朔方"。也假借为姓。

汉字源流

| 甲骨文 | 金文 | 战国文字 | 篆文 | 隶书 | 楷书 |

"望"字甲骨文作人站在土堆上,眼睛直立(即"臣"字)眺望远方的样子。金文又增加"月"旁,表示远眺的对象是月亮。战国文字、隶书中保留了从"臣"的古体写法。在六书中属于异文会意。有的金文将"臣"旁改成"亡"声来表示音读。"人"旁与"土"旁结合成"壬","亡""月""壬"三个偏旁组合起来即是"望"字。此写法从金文到楷书皆一脉相传。在六书中属于形声。

本义为向远处或高处看,如"望远镜""望穿秋水""望尘莫及"。引申为慰问、拜访之意,如"看望""拜望""探望"。引申为期待、希望的意思,如"盼望""大失所望"。引申为好的声名,如"声望""名望"。引申为农历每月十五日所看见的满月月相,如"望月""望日"。又引申为将近、接近,如"望六之年"。引申为怨恨、不满,如"怨望"。假借为姓。

传说,人死了以后,"一天不吃人间饭,两天就过阴阳界,三天到达望乡台,望见亲人哭哀哀"。人死了以后变成鬼魂,因为舍不得亲人,不肯到阴曹地府去,每天在山顶上哭泣,阎罗王知道之后就修了一座望乡台,让鬼魂们登上去,望一眼故乡,看看亲人现在过得如何,大哭一声,就可以死心塌地地前往阴曹地府了。这就是望乡台的由来。

■ 扑朔迷离

花木兰的故事大家是耳熟能详的,最早可以在北朝民歌《木兰辞》里看到。朝廷下了征召令,要召她的父亲上战场。父亲年事已高,孝顺的木兰就决定女扮男装,代父从军。凯旋归来,脱下军装，换回女儿装与战友见面，大家都惊讶得不得了："同行十二年，不知木兰是女郎！"

《木兰辞》以兔子来比喻："雄兔脚扑朔，雌兔眼迷离。双兔傍地走，安能辨我是雄雌？"两只兔子一起奔跑时，是很难分辨雌雄的。"扑朔迷离"这个成语形容事情错综复杂，很难辨明真相。

■ 得陇望蜀

汉朝的刘秀起兵反抗王莽，有一次打仗打到一半，他因为有其他的事情需要先回洛阳，就在临行前留了一封信给大将军，交代他等攻下了西城，就可以直接南下攻打西蜀，并感叹道："人总是不能知足啊！攻下陇西，又要进军西蜀。""得陇望蜀"就从这里来，后来变成贬义，比喻贪得无厌。

■ 望穿秋水

元代的《西厢记》说的是张君瑞与崔莺莺的爱情故事。张君瑞因不知道怎么穿过院门深锁的花园而烦恼，红娘鼓励他不要害怕，以免让莺莺"望穿秋水"。"秋水"指的是眼睛，因为盼望把眼睛都给望穿了。这个成语用来形容殷切盼望。

■ 大喜过望

秦朝末年，英布原本跟着项羽打天下，还被封为九江王，后来被刘邦收拢了，投效刘邦。英布起先感觉自己不受重视，但是等回到刘邦赐给他的住所后，看到无论家具、食物或者侍从，规模都跟刘邦本人一样，英布因此"大喜过望"。看到这么多的赏赐，与原本的预期不同，特别高兴。"大喜过望"形容因结果超过了原本的预期而特别高兴。

朝夕

汉字源流

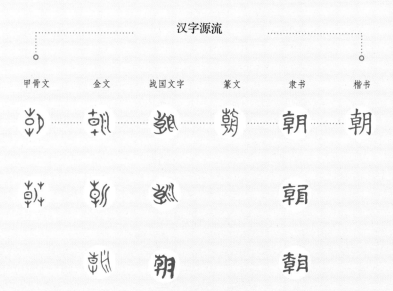

| 甲骨文 | 金文 | 战国文字 | 篆文 | 隶书 | 楷书 |

"朝"字从甲骨文到楷书都有,变化较大。甲骨文从日、从月、从二"屮"或四"屮",表示清早的时候,太阳从草丛中升上来而残月还挂在天空的景象。到了金文,因"朝"字常被借为潮汐的"潮",因此"月"旁就变成水流或潮汐的"𣎑"形("潮"的初文)。战国文字继承了金文的写法,但右旁又改成与"舟"接近。到了篆文就变成从"舟",《说文》解释为"旦也,从倝,舟声"。有的隶书又回到甲骨文从"月"的写法。楷书平直化写成"朝"字。在六书中属于异文会意。

音读zhāo,本义是早上,如"朝霞""朝令夕改"。引申为"天"或"日"的概念,如"今朝""有朝一日"。引申为有生气的,如"朝气蓬勃"。

另音cháo,因早上太阳固定从东方升起,故引申为面向、对着,如"朝向""朝东""坐南朝北"。引申为面见国君或参拜神圣,如"朝贡""朝拜""朝圣"。引申为面见或参拜的地方,如"上朝""朝廷""退朝"。引申为君主帝王统治的时期,如"宋朝""乾隆朝""三朝元老"。

也假借为姓。

汉字源流

| 甲骨文 | 金文 | 战国文字 | 篆文 | 隶书 | 楷书 |

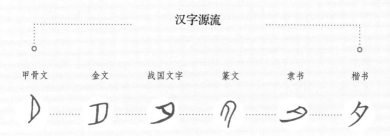

甲骨文月、夕二字同形，须借文义判读之。及至后来，☽表月亮之义，☾示傍晚之义，方渐次分明。或以文义区别，以月属象形，夕属省体象形，似非适宜。金文之☽，承自甲骨文。由战国文字一直到楷书之夕，其形也都大同小异，当可明其承袭。以上诸形，都据具体的实象造字。在六书中属于象形。

本义是月亮，后分化为朝夕之夕。因此，文献也都以傍晚为本义，实出于词义的转变。如"朝闻道，夕死可矣"（《论语·里仁》）。其他如"夕阳""夕市"，也都以傍晚之义构词。假借为末，如"月夕卜宅"（《荀子·礼论》）。也假借为姓。

■ 朝令夕改

汉文帝在位时，农民跟商人贫富悬殊，农民辛辛苦苦地耕地，才得到一点粮食，可是政府征收粮食的时间跟标准却变来变去。常常早上的规定到了晚上就变了。"朝令夕改"这个成语，就从这里而来，用来比喻政令、主张或意见反复无常。

农民因为急于应付政府税收，有存粮的被迫半价卖出粮食，没有存粮的，只能借高利贷，然后卖田卖房，甚至卖儿子来还债。反观商人，却常常趁着客人有急需的时候把囤积的货卖掉，借此赚取暴利。这种情形严重地影响了农业生产。西汉著名的政治家晁错就向汉文帝上书，说农业是立国之本，朝廷应该抬高粮食的价格，鼓励人民耕种，并且让有钱的商人捐粮买爵。一旦国家有了充足的存粮，赋税就可以减轻，人民才能安居乐业。

一朝一夕

《易经》说:"常常累积善行的人家,一定会有更多的好事发生,如果是累积恶行的呢,就会有灾厄发生。臣子杀死君王,儿子杀死父亲,绝对不是一朝一夕的偶发状况,而是逐渐累积的结果。"《易经》还说:"履霜,坚冰至。"意思是当你踩在松散的霜上就可知道寒冷的冬天会带来坚硬的冰,这是次第而来的必然结果。"一朝一夕"用来形容时间短暂。

旦

汉字源流

| 甲骨文 | 金文 | 战国文字 | 篆文 | 隶书 | 楷书 |

旦，从日，下像太阳的日影。在六书中属于合体象形。或以为从丁声。西周中期金文化点为横。篆文理解为日出于地平线上，稍误。《说文》："明也。从日见一上。一，地也。"

旦，甲骨文已用为时间词，与"明""朝"用法相当，指早上日出。后泛指天刚亮、早晨的时候，如"通宵达旦""枕戈待旦"。又作为一天的全称，如"一旦"。又有由西域外来音译舞者借为戏曲中的女角用法，如"旦角""刀马旦""花旦"。也假借为姓。

■ 枕戈待旦

祖逖和刘琨是晋朝时期有名的英雄豪杰，他们因为意气相投而成为好友。他们心中都有一个抱负，想在国家动荡的时候，以身报效国家。祖逖当太守时，国都被匈奴人占领，他率领百姓南迁，安顿好之后即跟司马睿（也就是后来的晋元帝）表明他想要复兴中原的志向，因此被任命为豫州刺史。他自己招募兵马北伐，发誓说："如果不能光复中原，我就要像流逝的江水一样，一去不回。"果真，他好几次带兵打退了敌人，光复了黄河以南。他的好友刘琨，知道他被任用之后，在写给亲友的信上说："我每天都不敢熟睡，枕着武器等到天亮，立志要消灭胡人，常常怕祖逖比我早一步驰骋沙场。"后来"枕戈待旦"就被用来形容杀敌报国心切，随时都准备好作战；也用来形容人全神戒备，不敢松懈。

■ 通宵达旦

魏晋南北朝是中国历史上政治局势非常混乱的时期。晋朝分裂成南北朝以后，北朝又分裂成东魏和西魏。分裂的原因就源于高欢。他是一个崇尚鲜卑文化的汉人，在北魏孝武帝时担任大丞相，独揽大权。北魏孝武帝因为不甘心被控制，逃了出来，投奔将军宇文泰。高欢因此另立新帝，史称东魏。孝武帝逃到宇文泰那里之后，宇文泰竟然杀了孝武帝，另外又立了一个君王，史称西魏。原本统一的北方，从此分裂成东魏、西魏。

东魏的高欢死后，大权落在他儿子高洋手上。高洋废了原本的皇帝，自己称帝，改国号为齐，史称北齐。高洋，就是文宣帝，年轻的时候气度恢宏，性情果断。在位初期留心国事，励精图治，对外用兵也连连胜利，威名远播。然而到了后期，他却骄傲自大起来，生活放纵淫乱，每天饮酒作乐，从早上到晚上，再从半夜到天亮。有的时候甚至做出不合国君身份的动作，不但穿着胡服，还披头散发，生活非常奢靡。他不再励精图治，又劳师动众营造宫室，修建长城，导致人民负担沉重，政治混乱。"通宵达旦"用来指整整一夜，从天黑到天亮。

夜晚

汉字源流

| 甲骨文 | 金文 | 战国文字 | 篆文 | 隶书 | 楷书 |

从甲骨文到篆文之形，都从夕，亦声。夕，像月亮之形，表夜晚之义，属象形。亦，以大为形，其义为"人"，二点置于手臂之下，以示为腋下的部位，隶书定作"亦"，甚失其形，属合体指事，在此只作"夜"字的音读，并不示义。字经隶书，体变作**夜**、**夜**，颇失其形，楷书沿之以定体，也就不易了解其原形了。以上诸形，都从夕为形，以亦为声。在六书中属于形声。

本义是黄昏。引申为深夜、夜半，如"夜不闭户"。引申为暗，如"索物于夜室者，莫良于火"（《后汉书·王符列传》）。引申为寝，如"夜衣""夜席"。引申为迟，如"夜寐早起"。引申为晚，如"夜饭"。也假借为姓。

汉字源流

甲骨文　　金文　　战国文字　　篆文　　隶书　　楷书

"晚"字始见于篆文,从日,免声,在六书中属于形声。《说文》曰:"晚,莫(暮)也。从日,免声。"段注:"莫者,日且冥也。引申为凡后之称。"隶书、楷书字形均承篆文而来。

"晚"指黄昏到午夜间的一段时间,如"晚餐""晚会""昨晚""当晚"。后泛指阶段、时期接近末尾,如"晚年""晚期""晚春"。有指辈分低的、后来的以及对长辈的自称,如"晚辈""晚生"。有指继任的,如"晚娘"。也假借为姓。

■ 夜郎自大

西汉的时候,西南边境有两个小国家,一个叫滇,一个叫夜郎,这两个国家都和汉朝的一个郡差不多大,可是两国都以为自己是天下第一大国。有一次,汉朝使臣去访问这两个国家,夜郎侯竟然问来使:"汉朝和我国相比,到底哪一个大呢?""夜郎自大"比喻人见识短浅,狂妄自大。

■ 夜以继日

孟子在说明为君之道的时候,以上古圣王治国爱民的德政来举证。其中就说到,周公想要兼备美德,实施德政,当他觉得自己的行为有跟圣人不相符的地方,就抬起头来思考,如果白天想不出来,晚上继续想,想通了,会高兴地坐着等到天亮。天一亮,立刻施行。"夜以继日"就出自这里,被用来形容日夜不停,用夜晚的时间继续做白天没做完的工作。

■ 夜长梦多

宋代有个叫王令的诗人,他一生贫困,写的诗深刻地反映了民间疾苦,也表现出自己想要救民脱离苦难的心情。有一次他客居他乡,写了一首《客次寄王正叔》,心境悲凉。其中就有一句是"夜长梦反覆",说的是在漫漫长夜之中,反复做着梦,不能安稳地睡到天亮。感慨自己年纪大了,却还是一事无成,烦恼忧愁与日俱增。在广大的天地里,哪里有容身之处呢?"夜长梦多"后来成为一个成语,意思就变成了时间拖久了,事情容易产生不利的变化。

■ 夙兴夜寐

《诗经》之中有一首诗《氓》,写的是一个怨妇的心情。她跟丈夫结婚之后,当了三年的媳妇,每天为了家事操劳,甚至都没时间在房间里休息。她早起晚睡,每天都在工作,丈夫却对她越来越不好,而不知情的兄弟都在嘲笑。想到以前一起出游,言笑晏晏,只觉得不堪回首;曾经想要一起白头偕老,到了现在,也只剩下幽怨而已,只能悔恨自己遇人不淑。诗里就用"夙兴夜寐"来说这个媳妇早起晚睡地在工作,后来变成了成语,用来形容整日辛劳。

■ 大器晚成

"大器晚成"出自《老子》。老子提到"道"的境界不容易掌握也不容易实践。为了解释"道",老子用了很多方法来比喻。他说道就像最圆融的空间,根本不是身为人可以去衡量的;也像是最贵重的器物,需要长时间制作,所以修道的人需要花很多的时间去修炼;它还像是天籁,不能用语言跟乐器表现;而且道没有形体,没有办法被人察觉。"大器晚成"比喻卓越的人才往往成就得比较晚。

明

汉字源流

| 甲骨文 | 金文 | 战国文字 | 篆文 | 隶书 | 楷书 |

甲骨文字从日月，示日月并出，在六书中属于异文会意。字另有从囧，从月，取月光射入窗内意，囧亦声。金文分别从日和从囧，字形承接甲骨文而来，二者并存。战国文字从日，亦有讹作目。篆文仍从囧，《说文》则从日。隶书字形亦有分从囧和从日。字至楷书则固定从日。

《说文》："明，照也。"明为日月并出或月光照进窗内，都呈现光亮意，如"明亮""明月""照明""月明星稀"。字指天亮、早上的一段时间，如"黎明""天明"。引申为干净、清洁，如"窗明几净"。引申为人事的光明、聪慧，如"弃暗投明""明人不做暗事""英明""聪明"。又引申为人的视力，如"耳聪目明""失明"。有扩大语意指神灵，如"神明"。亦泛指对事情的公开和了解，如"明朗""讲明""明白""明了"。又作为朝代名，如"明朝"。也假借为姓。

■ 开宗明义

《孝经》是儒家讲述孝道的经典，第一章题名叫作"开宗明义"。宋代学士对这四个字做了详细的解释，他说："开，张也。宗，本也。明，显也。义，理也。"也就是说这一章是用来表明全书的宗旨，阐述孝道的本义的。所以"开宗明义"就被沿用为一个成语，除了用来表示一本书的宗旨义理外，也用来指说话或写文章一开始就要讲明主旨纲要。

■ 明知故犯

明明知道是错的，还故意去做，就叫明知故犯。例如国家颁布了法令，人人都应该遵守。如果有些人因为不知法而犯法，这是无心之过，还可原谅；可是如果明明知道法令这样规定还故意触犯，就是"明知故犯"。宋代的一本笔记小说里就写道："若知而故犯，王法不可免也。"意思是说，如果是已经知道不对了，还去犯错，那就要接受法律的制裁了。

■ 明珠暗投

汉代邹阳曾经给梁孝王写了一封信，他说："如果在黑暗中，有人将珍贵的珠宝、白玉丢到路人眼前，突然看到这么珍贵的东西，一时之间谁也不敢去捡，反而按剑不动，全神戒备，随时准备攻击。他们会这样，不是因为珠宝不好，是因为事情发生得太突然了。"（出自《史记·鲁仲连邹阳列传》）邹阳写的这段话其实就是以明珠比喻自己，说自己怀才不遇，不但得不到君王的赏识，还被别人的谗言陷害。"明珠暗投"就从这里演变而来，比喻怀才不遇，才能很高却屈居下位。

■ 泾渭分明

"泾以渭浊，湜湜其沚"，这是《诗经·邶风·谷风》里的一句。泾水是渭水的支流，这句诗的意思是说，泾水和渭水，各有清浊，在泾水流入渭水时仍然清浊有别，不会混合在一起，界限分明。唐代《初学记》里也说，泾水流出山以后，与渭水合流三百里，仍然清浊不相杂。后来"泾渭分明"就从《诗经》演变而来，用来比喻彼此的区别是非常清楚的。

天文气象篇

天空气

天

汉字源流

甲骨文　金文　战国文字　篆文　隶书　楷书

甲骨文从大，"大"即人，而以〇、二表示人头顶之上的地方，是虚构的指示符号。金文与甲骨文构形同义。战国文字于"大"上则皆作二横笔，其中作天者，则与隶书、楷书同形。篆文则将"大"上二横画作一笔，然构字之义并无不同。隶书中或有作兂者，历来字书皆以为是"天"的古文，金文"天"字另有作者，将其圆笔拉长为横画，或许即兂字之所本。在六书中属于合体指事。

本义为天空，如"天边""满天星辰"。引申为位置在顶部的、凌空架设的，如"天线""天桥"。引申为一昼夜的时间，如"今天""明天"。引申为一天中的某个时段，如"五更天"。也引申为季节、时节，如"春天""黄梅天"。引申为气候，如"晴天""冰天雪地"。由天空也引申为自然或自然的，如"人定胜天""天才"。引申比喻宇宙万物的主宰，如"天命""富贵在天"。引申比喻宗教中神灵所在的地方，如"升天"。因天自古有之，故引申为根本的、不可或缺的，如"民以食为天"。因天无范围界限，故引申为很大的、极大的，如"天价""天文数字"。又引申为很、非常，如"天大的喜事"。由时间而引申为计算时间的单位，如"过了三天"。也假借为姓。

人定胜天

战国时期曾编集了一部古代文献——《逸周书》，记载上古时期到周朝的一些传说事迹。里面写到周文王即位第九年的春天，他对后来的周武王所说的一段话。他期勉周武王成为一个爱民的国君，提醒他治理国家应该顺应四时，在合宜的季节耕种、打猎、砍树，打猎的时候，不杀怀孕和幼小的动物，让土地有足够的时间休养生息。这才是保持国力强盛不衰的方法。其中还说道："兵强胜人，人强胜天。"意思是说，强大的兵力可以胜过人力，人的力量又可以战胜天命，克服自然的阻碍。"人定胜天"这个成语就从这里演变而来，形容人的智慧和力量可以克服自然的阻碍，改造环境。

■ 不共戴天

《礼记》当中有一段话："对待杀害父亲的仇人，不应该和他一起活在同一个世界上；如果走在路上，遇到害死兄弟的仇人，不用等到回家拿了兵器再去，马上就应该直接上前报复；那么杀害朋友的仇人呢，我不要跟他同处一个国家。"传统的儒家是很讲究礼的。在礼的观念中，对父母要尽孝，对兄弟要友爱，对朋友要有义，这是做人的基本道理。所以，一个人的是非观念要分明，要"以直报怨"。父母既然是我们在世界上最亲的人，遇到杀父仇人哪有轻饶的道理？当然是想尽办法报仇，否则为人子女那就是不孝，就是不合礼了。这正是《礼记》说"父之仇，弗与共戴天"的理由所在。"不共戴天"原本是古代儒家借为父亲报仇这件事情来宣扬对父母尽孝的重要，后来演变成一个成语，比喻对人的仇恨非常深，到了不和对方顶着同一个天的地步了。

■ 天作之合

《大明》是《诗经》里面的一首歌谣，在赞美周文王的美德的同时也讲了周文王与武王的身世。里头先谈到文王父母的婚姻，再说文王与妻子大姒的结合。大姒是个贤淑的女子，文王也很贤德，这样的婚姻就像是天上美意的撮合。他们结婚之后，大姒生下周武王，也受到上天庇佑，出兵讨伐商纣，打下周朝的天下。后来，"天作之合"就被用来指天意撮合的婚姻，通常被拿来作新婚的贺词。

空

汉字源流

| 甲骨文 | 金文 | 战国文字 | 篆文 | 隶书 | 楷书 |

金文字形从穴，工声。从穴，指像土穴的孔窍；工声，表示音读。从战国文字到楷书皆承金文字形而来。在六书中属于形声。

本义是孔窍、洞穴，如《庄子·秋水》所言"不似礨空之在大泽乎"。由孔窍引申为里面没有东西、空虚，如"赤手空拳""囊空如洗""空腹"。引申为表抽象概念的内容空洞、不切实际，如"空言无补""空论"。再引申为佛教指一切事物因缘而生并无实体的概念，如"空门""四大皆空"。

由空虚引申为天空、空中，如"航空""皓月当空""晴空万里"。由空虚引申为白白地、没有效果地，如"空欢喜""空有一身功夫"。由空虚引申为没有，如"人财两空""空前绝后""目空一切"。也假借为姓。

另音 kòng，由空虚引申为短少、缺乏，如"亏空"。引申为空闲的空间或时间，如"抽空"。引申为空着的、没有利用或使用的，如"空位""空房间""空白"。

■ 海阔天空

魏晋南北朝时期，战事频仍，人民生活朝不保夕，因此玄学盛行，崇尚出世无为的道家思想和神仙方术之说。诗坛上盛行游仙诗，很多知名文人都曾经写过，例如曹植、阮籍、郭璞等。这些游仙诗逃避现实，崇尚神仙，或借着神仙之说抒发自己不得志的苦闷，对于神仙的住处和生活方式，都描写得鲜活生动。在庾信的一首游仙诗里，就用"海阔"来形容海上的仙山，用"天高"描写仙人住的地方，景象辽阔，也象征了神仙生活的自由自在、毫无拘束。"海阔天空"这个成语比喻心胸开阔、心情开朗。

■ 司空见惯

"司空见惯"这个成语相传与唐代大诗人刘禹锡有关。刘禹锡和柳宗元是多年好友,两人都因为宰相王叔文的牵连而被贬。之后,刘禹锡的仕途非常不顺遂,屡经波折,好不容易才回到朝中当官。"司空见惯"的故事大概就发生在这个时候。当时京城有个人叫李绅,曾经担任过司空,也喜欢诗歌,因为久仰刘禹锡的才名,就特意在自家摆设盛宴款待他。席中,还安排年轻貌美的歌伎表演。刘禹锡看到李绅随手一摆就是这么盛大的场面,想必早已见惯了,不禁因为感慨自己坎坷的遭遇而悲从中来。后来从这段故事摘出"司空见惯"这个成语,比喻经常看到,不足为奇。

■ 目空一切

南宋诗人陈亮曾经写了一篇文章(《题俞季直文编》),里头提到四个和他相熟的读书人,并对他们一一品评。一个文章简洁雅致,越读越有新意;一个目空一切,自视甚高,什么都不放在眼里,但是对其他豪杰还是能降低自己的身份,以礼相待,所以读书人也很乐意亲近他。他的文章壮阔精致,充分表现了自己的意见。另外两个人的文章,一个花样多,一个活泼,怎么看也看不腻。后来"目空一切"这个成语就从这里演变而出,说人高傲自大,什么都不放在眼里。

气

汉字源流

| 甲骨文 | 金文 | 战国文字 | 篆文 | 隶书 | 楷书 |

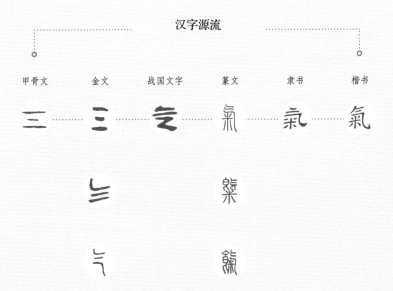

气字甲骨文字形作☰，像云气层叠流动之形。金文以"气"字容易与上下文误合为一字，而且三横画的构形也容易与数目之"三"相混，因而上横画曲笔向上作⌒。因表义的区别功能不佳，所以下横画也曲笔向下作气。气字从米，气声，另转注为从食、气声的"饩"字。在六书中属于形声。

本义是馈赠给客人的米粮。假借为云气，如"迅雷风袄，怪云变气"（《汉书·天文志》）、"天高气爽"。引申为空气，如"大气层""气流""气压"。再引申为气体的统称，如"气体""空气""毒气"。由空气引申指阴晴冷暖等自然现象，如"节气""寒气逼人""秋高气爽"。因气体的流动，引申为气味，如"腥膻之气""臭气""香气"。引申为气息，如"扬眉吐气""有气无力""气喘吁吁"。引申指人的精神状态或气势，如"豪气""一鼓作气""气壮山河""志气""气魄"。再引申指人的作风、习气、情绪，如"书卷气"。再引申为恼怒、使恼怒，如"气愤"。再引申为恼怒的情绪，如"怄气""怒气""平心静气"。

用为中医名词：1. 指人体内运行变化的能量，如"元气大伤""气血""补气固表"。2. 指某种病象，如"湿气""肝气""疝气"。也假借为姓。

■ 一气呵成

明朝的胡应麟写了一本《诗薮》来评论自古以来的古体诗跟近体诗。里面提到杜甫的《登高》："风急天高猿啸哀，渚清沙白鸟飞回。无边落木萧萧下，不尽长江滚滚来。万里悲秋常作客，百年多病独登台。艰难苦恨繁霜鬓，潦倒新停浊酒杯。"

胡应麟说，这首诗不但每一个句子都合于格律，甚至每一个字都不偏不倚，恰到好处。全诗首尾贯通，自然流畅，感觉不到人为对句的痕迹。像这样的用字跟造句，只有杜甫一个人办得到，"前无古人，后无来者"。胡应麟说这是"一意贯串，一气呵成"的诗作，像是一口气写完的。"一气呵成"就用来比喻文章流畅，首尾贯通；也比喻事情进行得顺畅紧凑。

■ 心平气和

晏子是春秋时期齐国的宰相。据《左传》记载，有一次，齐王游猎回来，跟大臣梁丘据等人饮酒作乐。当齐王对人生有所感慨的时候，梁丘据就在一旁附和。于是齐王说："只有他与我是相和的啊！"晏子在旁边，就很不以为然。他说："他和你不过是相同而已，哪有相和！"齐王听了很讶异："'和'跟'同'有什么不一样吗？"晏子回答说："如果用煮饭当例子，在熬汤的时候，要把不同作料混在一起，让味道调和，才能做出美味的料理。君臣相处之道也是这样的。君王提出一个主张，作为臣子，应该从不同的角度来谏言，而不是一味地附和而已。再以音乐为例，一首好的曲子，需要各种音符以不同的快慢、高低组合在一起，互相搭配，才能调和出优美的旋律，让人听了内心能得到平静。所以《诗经》说：'有德的音乐是没有瑕疵的。'像梁丘据这样只会应和君王的说法，就像把清水加到清水里去，有谁会想吃呢？就好像弹琴只弹同一个音，谁会想听呢？"

日月

汉字源流

| 甲骨文 | 金文 | 战国文字 | 篆文 | 隶书 | 楷书 |

甲骨文之⊙，外像太阳的边缘，内像精光。金文以圆形表现，更接近太阳的样子。其第二例虽少了精光，然音、义依旧，仍像太阳之形。战国文字三例，都承甲骨文之形而来，只是边形表现较多元。篆文日承自甲骨文、金文、战国文字，只是将精光用横画表现，连接了边缘的两侧。其古文的精光，用曲线表现，无损其义。字经隶书，以扁平之形表现，对照古文字，仍可看出乃太阳之形。楷书沿之，脉络应很清楚。以上诸形，都据具体的实象造字。在六书中属于象形。

本义是太阳，如"日出而作，日入而息"。引申为白天，如"日间"。引申为每天，如"吾日三省吾身"。引申为季节，如"秋日"。引申为时候，如"昔日"。引申为生活，如"日子越过越好"。引申为特定的一天，如"生日"。引申为光阴，如"旷日持久"。假借为星名，如"房中道一星曰日"(《隋书·天文志》)。也假借为姓。

另音 mì，用于人名，西汉有金日磾。

汉字源流

甲骨文之🌙，外像月亮的边缘，内像阴影；另一作🌙，月中少一阴影，都像月亮的样子，据具体的实象造字。在六书中属于象形。金文二例，承继甲骨文之形，而后世误以甲骨文、金文为"夕"，看作省体象形，是据月字分化为二义而说的。战国文字之，两边的外缘延长，稍失其形。篆文形最似战国文字之，显承其而来。字经隶书，体变作月，益离原形，楷书即沿之而定体。

本义是月亮，如"月有阴晴圆缺"。引申为时间，如"岁月如流"。引申为计算时间的单位，如"三个月"。比拟像月形的东西，如"月琴""月饼"。也假借为姓。

■ 日月如梭

梭，是用来引线的器具，两头尖，中间粗，织布的时候，梭子就来来回回地快速移动，所以后来常用"梭"来比喻快速的样子，像"穿梭"指往来次数的频繁。"日月如梭"就是这样子，意思是日月的交替速度像是织布的梭子一样，形容时间流逝得非常快。

■ 日新月异

古代的学者非常重视品德修养，《礼记·大学》就写道："苟日新，日日新，又日新。"意思就是如果可以每一天都让品德进步，那就能天天进步，而且持续不断。后来，"日新"和对仗的"月异"结合产生出新的成语"日新月异"，用来形容发展或进步快速，不断有新事物出现。

■ 镜花水月

鸠摩罗什是东晋时期的高僧，也是中国佛教史上四大佛经翻译家之一。他在长安翻译佛经的时候，系统地介绍了佛教义理。当时汉译佛经虽然越来越多，但质量不一，内容也很难懂。他通晓多国语言，翻译的作品简洁流畅，为时人所重。在一本鸠摩罗什与慧远的问答录里，解释了大乘佛教的教义，而且反复论述了有关法身的问题。

佛家把地、水、火、风四种元素形成的东西称为"色"，不是这四大元素所形成的，则称为"非色"。凡是色，都至少会有色、香、味、触四种感觉之一，例如水有色、味、触，但风只有触。若是非色，例如镜中的影像、水中的月亮，看起来好像有实体，其实摸不到，只是幻象。后来"镜花水月"这个成语就用来比喻虚幻、不实在。

星

汉字源流

| 甲骨文 | 金文 | 战国文字 | 篆文 | 隶书 | 楷书 |

甲骨文二例，由星星加"生"声而成，只是繁简不同而已。金文🌣、战国文字🌣，是篆文🌣之所本。战国文字二、三例，由🌣之省简为星、星，属从晶省，生声。篆文🌣和🌣构形相同，只是前者在星星中多一横画，以表星光，后者却没星光的横画，其实两者并无差异，不影响其音、义。或体作星，承自战国文字二、三例，隶书、楷书并据以定体。以上诸形，原都由象形的"晶"字为形，以表星星，后省为"日"，也是表星星，且都以生为声，以利识读。由于生声在此只是表音而已，并不兼义，所以在六书中属于形声。

本义是宇宙中发光或反射光的天体，如"恒星""行星""卫星""月明星稀"。引申为小点、秤杆上的标记，如"准星"。引申为小，如"星火燎原"。引申为天文的，如"星官之书，全而不残"（《后汉书·天文志》）、"星书""星算"。引申为夜晚，如"星夜"。引申为分散，如"零星"。比喻为众人崇拜的、注目的，如"歌星""影星""明星"。比拟像星色之白，如"星鬓"。假借为晴，如《诗经·鄘风·定之方中》"星言夙驾"（早晨放晴，驾车外出）。也假借为姓。

■ 披星戴月

吕洞宾（吕岩）是道教全真派纯阳祖师。他淡泊名利，抛开了世俗人生。他在《七言》里就把这些都表现了出来。他认为命运的造化在于本身，相较于那些追求富贵名利的人，自己选择的这条路特别孤独。但是，尽管路途遥远，他只能默默地继续走下去，不辞辛劳去成就自己的人生。这首诗里有一句：

"披星带月折麒麟。"后来"披星戴月"这个成语就用来形容早出晚归,或连夜赶路的劳累;也比喻辛苦勤劳。

■ 物换星移

滕王阁位于现在的江西省,是唐代李元婴所建。李元婴是李渊的儿子,在唐太宗李世民即位以后,被封为滕王,因此他把这座楼阁命名为滕王阁。唐高宗在位时,有个人叫作王勃,他是当时有名的才子,文思泉涌,下笔成章,和当时另外的三个人合称"初唐四杰"。有一次,他参加一场在滕王阁举办的盛宴,即席写了一篇《滕王阁序》,至今为人传诵。序的最后还有一首诗,诗的上半部写滕王阁的壮观,后半部则抒发由滕王阁引发的感叹:"闲云潭影日悠悠,物换星移几度秋。阁中帝子今何在?槛外长江空自流。"大意是说天上的云投影在阁前的潭水上,日光也显得惬意闲适,但地上的事物不断在改变,时序星辰也在转移,不知道已经过了多少寒暑。当年的李元婴,现在又在哪里呢?只剩栏杆外的长江滚滚东流。后来"物换星移"就被用来比喻景物的变迁、世事的更替。

■ 急如星火

李密是魏晋时人,博览群书,不但学问好,口才也好。他父亲早逝,母亲改嫁,从小由祖母抚养长大,因此对祖母非常孝顺。晋武帝有意揽他当官,但他觉得祖母年事已高,无人奉养,于是上《陈情表》辞谢,内容哀切诚恳,晋武帝看了大为感动,于是就赐他奴婢跟一些米粮,让他终养祖母。《陈情表》里有一段就写道："州司临门，急于星火。"（有地方官登门来催他赶紧上路就任，简直比流星的光还急。）他想要奉旨上路，可是祖母的病却日渐沉重，情势窘迫，进退两难。"急如星火"这个成语就从这里演变而来，形容情势急迫。

雷电

汉字源流

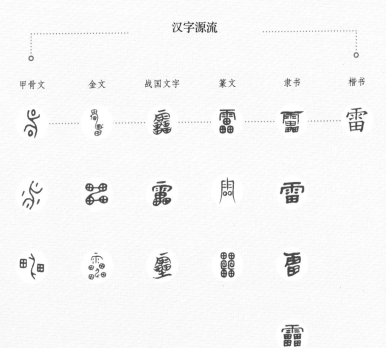

| 甲骨文 | 金文 | 战国文字 | 篆文 | 隶书 | 楷书 |

甲骨文、金文"雷"字都从"申"，并附加菱形、点形、口形、田形。"申"是"电"的初文，表示打雷和闪电相关；菱形、点形、口形、田形，则都是表示打雷的声音。古文字形体变化多端，金文中🐾将申与畾笔画相互勾连为一体，在六书中都属于合体象形。🐾添加"雨"旁，由象形而声化为形声字。从雨、从申，表示与打雷、下雨的天象相关；而畾则表示音读。战国文字省略"闪电"，直接用"雨"表示天象；用"畾""晶"来表示雷声，《说文·雨部》："靁，阴阳薄动靁雨，生物者也。从雨，畾象回转形。"篆文从雨、畾声的"靁"字即从此来；还有的"畾"则替换为"垒"声（田形变为两个）。籀文（即大篆，指小篆之前的文字，包括金文与籀文［金文之繁化］）在四个田形之间，增加两个"回"形，回、雷音近，是叠加声符的二声字。隶书继承篆文，西汉马王堆帛书《天文气象杂占》及汉碑作"雷"，构形从雨，"畾省"声，已将"畾"声省作"田"形，与现今楷书作"雷"完全相同。在六书中属于形声。

本义为打雷，如《诗·召南·殷其雷》："殷其雷，在南山之阳。"（隐隐作响的雷声，远在南山之南。）常用词语如"响雷""春雷""避雷针""雷电交加""雷霆万钧"。引申为巨大的声响，如"聚蚊成雷""如雷贯耳""黄钟毁弃，瓦釜雷鸣"（屈原《卜居》）。引申为迅猛、激烈，如"大发雷霆""雷厉风行""欢声雷动"。引申为军事上的爆炸工具，如"鱼雷""地雷""诡雷""扫雷"。引申为敲击，也可以假借为"擂"，如清·黄遵宪《台湾行》"城头逢逢雷大鼓"。也假借为姓

汉字源流

| 甲骨文 | 金文 | 战国文字 | 篆文 | 隶书 | 楷书 |

甲骨文"申""电"本同字，本像闪电之形。在六书中属于象形。后因假借用为干支，转注为从"雨"从"申"的"电"字，保留其本义。金文、战国文字、篆文构形相同，皆从雨、从申。《说文·雨部》："电，阴阳激耀也。从雨，从申。"从雨，表示闪电伴随雷雨而至；从申，表示闪电。本义是闪电。在六书中属于异文会意。

本义为闪电，指正负电相互碰撞产生电荷变化，发出光热之现象，如"电流""触电""雷电交加""电闪雷鸣"。引申为电击，如"刚被电了一下"。引申为疾速，如"风驰电掣"。引申为光亮、闪耀，如"雨过潮平江海碧，电光时掣紫金蛇"。引申为明察，如"惠风春施，神武电断"。引申为与电力能源相关的事物，如"电饭锅""电梯"。引申指电子传输通讯，如"贺电""急电""电报""电话"。也假借为姓。

■ 风驰电掣

西周时姜子牙写了一本兵书《六韬》（又叫作《太公兵法》），用周武王跟姜子牙对话的形式写成，内容主要讲述治国、治军与战争的理论。其中有一篇，周武王就问姜子牙，作为一个王者，他带领的军队应该要有哪些辅佐型人才？姜太公就说，一个强大的军队应该要有七十二个优秀的幕僚，至于在阵前奋勇杀敌的将领，则应该兼备智慧跟魄力，平常负责调度武器装备，一旦出征，就要像风和电一样快速，杀得敌人措手不及，完全不知道他从何而来。"风驰电掣"这个成语就是从这里来的，形容速度非常快。

■ 雷厉风行

三国时，王弼在批注《易经》的时候说："天地虽大，富有万物，雷动风行，运化万变。"这里的"雷动风行"是指打雷刮风的自然现象。后来唐代白居易写了一篇《人之困穷由君之奢欲策》，说："雷动风行，日引月长，上益其侈，下成其私。"他引用了王弼的这一句话来说"上行下效"的快速。雷电声势惊人，也像是人的行动果断。韩愈在《潮州刺史谢上表》里说唐宪宗即位以后努力扭转已见衰微的国势，开创新局，所颁行的政令"雷厉风飞"——这里指的正是政令执行严格迅速。"雷厉风行"就是经由这一连串的演变而来的，比喻人行事严格且迅速。

■ 雷霆万钧

汉朝的大臣贾山，写了一篇《至言》，以秦朝灭亡的历史教训强调帝王应该听取臣子的劝谏，重用贤士。贾山认为，君主的权位至高无上，可是如果威势太盛，就会像雷霆以及万钧的重物一样，让人望而却步。这样一来，国家就没有人才了，纵使有圣君圣王，也很难长久地安定。后来"雷霆万钧"就用来比喻威力强大，势不可当。

露

汉字源流

| 甲骨文 | 金文 | 战国文字 | 篆文 | 隶书 | 楷书 |

战国文字"露"字皆作"露",从雨,各声。"露"字始见于篆文,"各""路"音近,声符可以替换,"露""露"为一字之异体。隶书、楷书构形本于篆文。《说文·雨部》:"露,润泽也。从雨,路声。"从雨,表示与自然现象相关;从各、从路,均表音读,是不示义的声符,本义是润泽万物的露水。在六书中属于形声。

本义是露水,指靠近地面之水蒸气,夜间遇冷而凝结成的小水珠,如《诗·秦风·蒹葭》的"蒹葭苍苍,白露为霜",常见词语如"露珠""甘露""餐风饮露"。引申为润泽、庇荫,如"覆露万民""英英白云,露彼菅茅"(《诗·小雅·白华》)。引申为没有遮蔽、没有遮掩,如"露天""露营""裸露""露宿街头"。引申为显现出来,如"流露""显露""暴露""露骨""锋芒毕露"。引申为用花、叶、果实或药材制成的饮料或药液,如"蔷薇露""玫瑰露""枇杷露"。引申为节气名,如"寒露""白露"。也假借为姓。

另音 lòu,引申为泄漏,如"露出马脚"。

■ 抛头露面

《封神演义》是明代创作的小说,根据《武王伐纣平话》,再参考民间故事和古籍写成。书中写道,商朝末年,纣王当政,暴虐无道,沉溺酒色,还有妲己在旁助纣为虐,导致民怨四起。当时有一个武将叫黄飞虎,他忠勇爱国,却没有想到因为自己与妲己有嫌隙,妲己就设计陷害他的夫人贾氏,让她登上摘星楼。她在摘星楼上受到纣王的言语调戏,不甘受辱,跳楼自杀。黄飞虎对纣王的暴政从此更加深恶痛绝，决定反叛。不料，他到了潼关却被守将陈桐用火龙标打中，救回来的时候已经没了气息。另一边，在青峰山紫阳洞修行的清虚道德真君，掐指一算，知道黄飞虎有危险，就叫黄飞虎的儿子黄天化下山救父。黄天化用师父交付的仙药救活父亲之后，父子相认。黄天化告诉黄飞虎，他是在三岁的时候，被道德真君带上山修行的。一家人相聚以后，却不见母亲贾氏。黄天化就问父亲，为何兄弟都在，唯独没见到母亲？并说，母亲是女流之辈，如果被朝廷拿问，在大庭广众之下抛头露面，有违封建道德，会丢了父亲的面子。"抛头露面"，就是指人公开出现在大众面前。

■ 藏头露尾

"藏头露尾"就是把头藏起来，却露出了尾巴。通常指的是说话隐晦、举止畏缩的样子。在从民间传说改编的元代杂剧《桃花女》里面，河南云阳村的任二公有一个女儿名叫桃花，擅长阴阳法术。周公亦擅长占卜算命，而且非常灵验，也以此自负，可是桃花女却两次让周公卜算失灵，周公因此怀恨在心。有一次，周公预言家里的仆人彭大阳寿将尽，结果过了时辰，彭大却没有死。周公心里疑惑，一问之下，知道是桃花女帮彭大延长了寿命，非常生气。他想出一个计谋准备报复。他要彭大替他办一些事，彭大不知道这是周公的诡计，念及过去周公待他不薄，如果自己还畏畏缩缩、藏头露尾的，怎么能算是知恩图报的人呢？于是就答应了。这里的"藏头露尾"就是用来形容畏缩的样子。

周公派彭大送聘礼到桃花女家，骗他们说是救他性命的谢礼，请他们收下，要用这种方法强娶桃花。在迎娶过程当中，他布置各种陷阱，要让桃花女死于非命，桃花在路上把危机一一化解了。桃花破解周公陷阱的办法——红盖头、踩红毯、戴花凤冠、头顶米筛等就成了后来的结婚习俗。

地理篇

石
江
江

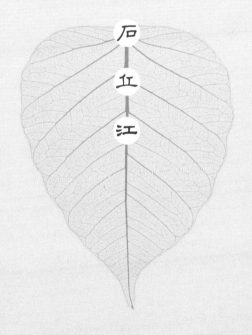

石

汉字源流

| 甲骨文 | 金文 | 战国文字 | 篆文 | 隶书 | 楷书 |

甲骨文之"石"有二例，一为𠙴，一为𠙵。前者不易看出它和石有什么关系，后者从𠂆、从𠙴，𠙴大概是口之误。金文作石，承自甲骨文第二例，据此而论，"厂"为山崖，独体象形；口仅一实象符号，没独立的形、音、义。合而视之，则可表山石之义，也就是石块的意思。战国文字三例，较之金文之石，多了山崖层叠之痕迹，不影响其音、义。篆文石显然承自金文之形，唯一不同的是𠙴改为了口，以示山石的形、义。字经隶书，体变作石，"厂"形稍有改变；楷书沿之，失形更多，也就不易了解其原形了。以上诸形，除却甲骨文的第一例，都由象形附加实象而成。在六书中属于合体象形。

本义是石块。引申为古时八种乐器之一，如"匏、革、土、木、石、金、丝、竹"。引申为磬，如"击石而歌"。引申为治病的矿石或石针，如"针石""药石"。引申为石刻，如"金石之学"。引申为碑碣，如"立石记功"。也假借为姓。

另音 dàn，假借为量词，用于计算容量的单位，如"十斗为一石"。

■ **水滴石穿**

战国时期，有个思想家名叫尸佼，他曾经是商鞅的门客，后来商鞅被处车裂之刑，尸佼为了避祸，来到蜀地，终老一生。他著有《尸子》，内容综合了儒家、墨家、名家、法家的学说，其中有一段说："水，虽然不是钻石头的钻子，但是可以把石头给滴穿；绳子，虽然不是用来锯木头的锯子，但是只要不停地在木头上来回摩擦，同样可以把木头切断。"这是长时间累积下来的结果。"水滴石穿"用来比喻持之以恒,事情一定可以完成。

除此之外,"水滴石穿"也可以用来比喻小问题如果日积月累,也会变成大问题。宋代一本著作里记载了一个故事,说有一位管理府库的官吏,因为被发现偷带了一文钱出来,被判处杖刑。他不服,判刑的人就写判例说:"虽然每天只偷一文钱,但是一千天之后就有一千文钱,日积月累就会变成为数可观的一笔钱,就像是用绳子摩擦木头,久了木头也会断,水如果一直滴在石头上,石头也会被穿透。"

■ 水落石出

醉翁亭位于滁州,也就是现在的安徽省滁县。它处于琅琊山两峰之间,是山上的和尚智仙盖的。欧阳修曾经游赏醉翁亭,写下了一篇脍炙人口的文章《醉翁亭记》。里头描写山林里四季变化的景色:春天有野花的幽香,夏天有茂盛的树形成一片绿荫,秋天风声萧瑟,还有洁白晶莹的霜,到了冬天,水干枯了,河床上的石头就露了出来,就像是原本被遮掩的真相。"水落石出"这个成语被用来比喻事情经过澄清之后真相大白。

■ 海枯石烂

"海枯石烂"的"海枯""石烂"分别来自两首不同的诗。晚唐诗人杜荀鹤,因为人心难测有感而发,写了一首诗,名叫《感寓》,里面有一句写道:"海枯终见底,人死不知心。"海干枯了,终究有见底的一天;可是人就算死了,都很难了解他们的内心。这是"海枯"的由来。

另外一位诗人杜牧，写了一首《题桐叶》。写重游旧地时引发的感伤，"石烂松薪更莫疑"，石头风化粉碎，松木变成了柴火，以此表示时间推移、世事无常。后来这两个词语就被合并成为"海枯石烂"，形容经历的时间长久，意志依然坚定。

丘
峰

汉字源流

| 甲骨文 | 金文 | 战国文字 | 篆文 | 隶书 | 楷书 |

甲骨文作〿〿，像小山双峰隆起的样子。金文第二例，双峰之形犹可见，第一例上体冗笔弯出，已失其形。战国文字第一例，下体增一冗笔，第二例下体增一土字。篆文峰形变作二人相背，已失原形。隶书二形，前者峰形变作左右折笔，后者左峰依稀可见。楷书沿之隶书第二例而定体。以上诸形，都据具体的实象造字。在六书中属于象形。

本义是小山，如"土丘""丘陵"。引申为坟墓，如"坟丘""丘墓"。也假借为姓。

汉字源流

甲骨文　　　金文　　　战国文字　　　篆文　　　隶书　　　楷书

此字始见于篆文。篆文从山，夆声。楷书则将篆文的上下结构改成左右结构。在六书中属于形声兼会意。

本义为高而尖的山顶，如"山峰""峰回路转"。引申为形状像山峰的东西，如"驼峰""洪峰"。引申为事物发展到最高的程度，如"登峰造极""高峰""巅峰"。也假借为姓。

■ 登峰造极

魏晋南北朝时期，文人崇尚清谈，盛行品评人物，所以记录名人逸事的"志人小说"在当时非常流行。这类小说采集过去或当时文人名士的言谈、风尚、逸事，加以编撰，很能反映各类人物的面貌，间接表现出当时的社会民情。南朝宋刘义庆所编的《世说新语》就是其中的代表作品。《世说新语》根据内容分成德行、言语、文学等，总共三十六门，都是简洁而意义深长的短篇，篇幅比较长的也只有几行，短的可能才二三十个字。可是因其善于把人物的语言跟情态结合，并使用比喻、对比等修辞技巧，所以比一般志怪小说更有文学价值。在《世说新语》的文学门里，有一篇就记载了晋简文帝的一段话。简文帝笃信佛教，研究佛经。他看到经上说，如果净化自己的精神、摆脱烦恼，就可以成佛。于是他有所感触地说道："不知道照这样去做，是不是马上就可以达到登峰造极的境界？但是我认为平常熏陶磨炼的功夫，应该也不能荒废。""登峰造极"比喻成就达到了极点或造诣高深。

一丘之貉

《汉书》载,汉朝的杨恽,其父曾经担任丞相的职位,他自己的能力也受到赏识,所以年纪轻轻就在朝廷里担任要职,加之轻财好义,因而声名显赫。少年得志,他常夸耀自己的品行与政绩,不免得罪别人。

有一个投降的匈奴人,正在谈论他们的单于被人杀害的消息,杨恽听到之后,就发表议论说:"单于真是昏庸的君王,虽然他的大臣替他设计了很好的治国策略,他却都不采用,最后赔上自己的性命。这就跟历史上的秦王一样,听了小人的谗言,杀害忠臣,最后导致亡国。如果当时秦朝的君王采用那些忠臣的谏言,也许今天都还是秦朝的天下呢!不管是古代还是现代,国君都只听小人的话,真像是同一个山丘的貉一样,没什么差别。"

貉是一种长得像狐狸的野兽,杨恽说了这样的话,借古讽今,不但猖狂无礼,还严重冒犯了君王。汉宣帝听了之后非常生气,就将杨恽给免职了。"一丘之貉"比喻彼此一样低劣,没什么差别。

江

汉字源流

| 甲骨文 | 金文 | 战国文字 | 篆文 | 隶书 | 楷书 |

从金文、战国文字、篆文到隶书、楷书，"江"的字形都是从水，工声。从水，表示与水相关；工声，表示音读。在六书中属于形声。

本义指长江，本为专有名词，如"江南水乡""江淮平原"。后来义项扩充，泛称大的河流为江，如"湘江""嘉陵江""翻江倒海"。商周时期有江国，嬴姓，春秋时为楚所灭，故址约在今河南息县。后世江国之子孙以国为氏，于是姓氏有江姓。用作江苏省的简称，如"江浙"。

■ 江河日下

苏辙是北宋著名的散文家，跟他的父亲苏洵、哥哥苏轼合称为"三苏"，也都名列于"唐宋八大家"之中。苏辙主张文章的好坏取决于气，养气就是增进内心的修养，还有扩展生活的历练。他特别推崇司马迁的"行天下，周览四海名山大川"，如此一来，文章才能有"奇气"。他的散文风格淡泊，又吸收了骈文的技巧，所以不论是读起来的声调还是文采都非常优美。《黄州快哉亭记》就是他的代表作品，文章融合了叙事、写景、抒情跟议论。在学术上，苏辙偏好儒家思想，尤其是孟子，所以他也特别擅长政论文章，在论述天下大事的时候，委婉又公正，往往能一针见血。他曾经详细论述了君王治国的方法。"其状如长江大河，日夜浑浑，趋于下而不能止。"他认为人民像江河的水，如果不加以约束，放任他们为所欲为，就会像洪水一样奔流而下，很难阻挡，使得情况越来越糟，最后冲毁堤防，造成不可挽回的灾害。所以懂得治理人民的君王，应该要谨慎地引导人民，让他们走上正道，既不要过于放纵，也不要过于压制，这样天下才能安定。"江河日下"，就比喻情况日渐败坏。

■ 江郎才尽

"江郎才尽"这个成语出自南朝诗人江淹的故事。江淹虽然从小家境贫寒，却非常好学，年轻时就能写出很好的诗文，在文坛上享有盛名，大家都称他为"江郎"。但到了晚年，江淹在文学上的表现大不如前，文笔变得平淡乏味，毫无特色。传说在他请辞宣城郡守以后，有一天晚上在冶亭独睡，梦到一个美男子，自称是东晋时期的著名文人郭璞。他对江淹说："我有一支笔放在你那里很多年了，现在应该还给我了。"江淹伸手到怀里一摸，果然找到一支五色的笔，他将这支笔交还给郭璞。从此以后，江淹文思枯竭，再也写不出好诗来了。当时大家都传言"江淹才尽"，就是说江淹的文才已经用尽了。后来这个故事演变为成语"江郎才尽"，比喻文人的才思枯竭，没办法再创造出佳作来。

河

汉字源流

| 甲骨文 | 金文 | 战国文字 | 篆文 | 隶书 | 楷书 |

甲骨文字形或从水,丂(柯)声,或从水,何(荷)声。金文从水,歌声。战国文字、篆文、隶书、楷书皆作从水,可声。从水,表示与水相关;可声,表示音读。在六书中属于形声。

本义为黄河之专名,如"河套地区""河西走廊""关关雎鸠,在河之洲"(《诗经·关雎》)。后来扩充义项,引申为自然形成或人工开凿的较大水道的通称,如"河堤""内河""运河""护城河"。也表示银河,如"星河""河汉"。也假借为姓。

■ 过河拆桥

元顺帝在位时,听了大臣的建议想要废除科举制度。监察御史对此极力反对,还对提议的大臣加以弹劾,可是元顺帝仍然决定要实施这个政策。许有壬也对这件事表示强烈反对,而且据理力争。许有壬当初是通过科举考试才进入了官场,后来升为中书左司员外郎,但他的反对不但无效,在诏令颁布的时候,元顺帝还故意让他跪在文武百官的最前面来羞辱他。许有壬怕不听命会招来祸患,只好勉强赞成废科举。有人看到了,就讥讽许有壬说:"你是通过科举考试才做官的人,现在要废除科举制度,你又跪在第一个,真是过河拆桥啊!"许有壬听了觉得很丢脸,就称病不出。"过河拆桥"就用来比喻不念旧情,忘恩负义。

■ 信口开河

"信口开河"的"河"字,其实原本是适合的"合",意思是任由嘴巴张开合起，不加思索就随口说出。在元代的戏曲里很常见。例如关汉卿的《鲁斋郎》，说宋朝时有个恶霸叫鲁斋郎，他仗着官威权势，到处横行霸道，无视王法，可是因为皇上对他十分宠幸，所以没人治得了他。这个鲁斋郎先是强抢了银匠李四的妻子，银匠因告状无门，昏倒在路旁，幸好被张珪救起，两人因而结拜为兄弟。后来有一天，鲁斋郎遇见了张珪的妻子，看她长相貌美，心生贪念，于是又逼张珪把妻子送给他，然后再把李四的妻子送给张珪。后来李四去找张珪的时候，意外地在他家里看到了自己的妻子，两人相拥痛哭。张珪眼看别人夫妻重聚，而自己却妻离子散，于是心灰意冷，把家产全部留给了李四夫妇，只身前往道观出家去了。后来包拯为民除害，斩了鲁斋郎，李四和张珪终于发泄了心里的愤恨，包拯因此劝张珪还俗，重振家业，可是张珪却早已心如死灰。他说自己自从出家，就再也没有想过要还俗。尽管包拯"信口开合"，啰啰唆唆地说了一大堆，也无法说动张珪，他坚决不肯还俗。

"信口开河"，现在用来形容随便乱讲话。

海洋

汉字源流

| 甲骨文 | 金文 | 战国文字 | 篆文 | 隶书 | 楷书 |

"海"的金文、篆文字形皆系从水，每声。从水，表示与水相关；每声，表示音读。隶书变作**海**，楷书沿之而定体。在六书中属于形声。

本义为地球上陆地与大洋之间的水域，如"领海""海纳百川""海阔天空"。也用来指称内陆较大范围的水域、湖泊，如"洱海""死海"。

由于大海的浩瀚，于是用来比喻聚集成大片、难见边际的人或事物，乃至于领域，如"人海""云海""火海""学海无涯""宦海浮沉"。也用来形容巨大的事物，如"海派""海量""海碗"。其后较大的容器也称作海，如"茶海""银酒海"。

又由于大海难见边际，因而也用以指称荒远的边鄙，如"四海归心""天涯海角""海内存知己"。是以古代也用来指从海外传入的事物，如"海棠""海红花"。在口语中，也用来形容胡乱地、没有节制的样子，如"胡吃海塞"。也假借为姓。

汉字源流

甲骨文	金文	战国文字	篆文	隶书	楷书

"洋"的甲骨文、篆文、隶书、楷书的形构皆作从水，羊声。从水，表示与水相关；羊声，表示音读。甲骨文或从二羊，字形虽重复并不影响字义，乃古文字之通例。隶书变作洋，楷书沿之而定体。在六书中属于形声。

本义为古代的水名。也表示广大、盛多，如"汪洋""洋溢"。也指地球表面上比海更广大的水域，如"漂洋过海""五大洋"。泛指外国或外国来的，如"留洋""洋人""洋货"。由于银元来自外国，于是俗称银元为"洋"，又引申为钱，如"银洋""龙洋""现大洋"。也引申为现代化的（与"土"相对），如"洋式""洋房"。也假借为姓。

■ 沧海桑田

晋朝的《神仙传》中收录了这么一个故事：传说中的仙女麻姑，跟另一个仙人王方平叙旧的时候说："自从上次接待你之后，东海都已经变成农田三次了，时间过得真快。刚才我到蓬莱仙山去巡视，发现周围的海水比我上次看到的时候又浅了一半，难道又要变成陆地了吗？"王方平于是感叹地说："一旦变成陆地，以后经过东海，又要尘土飞扬了。""桑田"是农作物的田，也就是陆地。"沧海桑田"用来比喻环境变化很大，也可以用来感叹世事无常。

■ 沧海遗珠

狄仁杰是唐朝宰相，他的祖父跟父亲都是朝廷官员，自小

地理篇 157

他便受到严格的教育。小时候，他家里发生命案，官吏到他家来盘问案情，每个人都争着说自己是清白的，只有狄仁杰继续专心读书，不受影响。后来狄仁杰当上了官，遭人诬陷。审讯的时候，他毫不畏缩，据理直言。这让审他的人很惊讶，就称赞他："孔子曾经说过，观察一个人的过错，就可以知道他的人格品行。国家虽然不重用你，可是今天我看了你的表现，觉得你就像遗漏在沧海里的一颗明珠啊！"于是就举荐了他。这段对话就是成语"沧海遗珠"的典故，比喻被埋没的人才或珍贵的事物。

■ 精卫填海

相传精卫是炎帝的小女儿，名唤女娃。一日，她独自在海边玩，溺于水中。她死后，东海就出现了一种小鸟，"精卫、精卫"地叫着，不断从山里衔来小树枝、小石头，投入东海要报仇。"精卫填海"，形容心怀愤恨，立志报仇。精卫填海很艰难，也形容意志坚定，不怕艰苦。

■ 望洋兴叹

《庄子》里有一个故事，秋天的时候，洪水暴涨，黄河的河道也变得很宽，隔着水相望，甚至连两岸的牛马都看不清楚。黄河的河伯，忍不住沾沾自喜，以为天底下最壮观、最美的全都在这里了。他兴奋地顺着水流向东，一直到了北海，只看到白浪滔天，茫茫一片，看不到水的尽头。这时候他才发现自己多么渺小，心里十分惭愧。他仰头叹息说："我本来以为自己很了不起,现在看到大海这样宽广,无边无际,才知道自己的眼光实在是太狭小了!"

"望洋兴叹",用来形容因为大开眼界而发出的赞叹,或者因为力量不够而感到无可奈何。

植物篇

草 — 葉 — 樹

草

汉字源流

| 甲骨文 | 金文 | 战国文字 | 篆文 | 隶书 | 楷书 |

此字始见于《睡虎地秦简》。草字从艸，早声，在六书中属于形声。《说文》："草，草斗，栎实也。一曰象斗子。"徐铉注："今俗以此为艸木之艸，别作皁字，为黑色之皁。按，栎实可以染帛为黑色，故曰草，通用为草栈字，今俗书皁或从白从十，或从白从七。"段注："按草斗之字，俗作皁、作皂，于六书不可通。象斗字当从木部作样，俗作橡。"此字作为草木之草的泛称，则为艸、屮字的分化；如作为"草斗"之专名，则自有独立的本音本义。隶书、楷书字形可上溯到战国文字。

草，可作为具茎秆植物的统称，如"野草""青草""稻草""草木"。此字有泛指山野、民间之义，如"落草为寇"。字有由小草引申为不认真、不细致的意思，如"草率""潦草""草草了事"。此字复由初生小草引申为初步的、不正式的，如"草稿""草案""草拟""草创"。又用为文字书体的专称，如"草书""行草""狂草"。另用为植物的专名，如"草莓"；鱼的专名，如"草鱼"。也假借为姓。

书法艺术有楷书、草书、隶书等。草书又细分成章草、今草、行草跟狂草。章草从隶书演变而来，到后来有了楷书，又变成了今草。王羲之、王献之写的，就是今草。行草介于行书跟草书之间，有草书的随性，又不会太难辨认。狂草，顾名思义，笔势狂放，很难辨认。唐代张旭喜欢在喝醉之后写字，他写的狂草就特别好，有"草圣"之称。

■ 草木皆兵

东晋时期，野心勃勃的前秦想要征服中原。苻坚率领八十万大军，逼临淝水，准备攻打东晋。东晋大将谢玄、谢石只有八万精兵抗敌。晋军虽然兵少，却靠着奇袭，让苻坚丧失很多大将和士兵。在淝水之战前夕，苻坚登上寿阳城，观察晋军的动静，发现晋军部队整齐，训练有素，将士精神旺盛，斗志高昂。他看到山上长了很多类似人形的草木，竟然以为是东晋的士兵。苻坚说："看那山上，有那么多的兵马，谁说晋军兵少呢？"之后淝水之战，苻坚被谢玄打败了。"草木皆兵"用来形容疑神疑鬼、惊恐不安。

■ 结草衔环

"结草衔环"的"结草"跟"衔环"分别来自不同的典故。"结草"是从春秋时期的故事来的。当时秦国攻打晋国，晋国大夫魏颗率军迎战，不但打败了秦国的军队，还捉到了秦国大力士杜回。相传魏颗之所以获胜，是因为两军对战时，战场上出现了一位老人，他在秦军必经之路上把地上的草打了结，绊倒了杜回，导致他被俘。晚上魏颗梦见了老人，原来他是魏武子宠妾的父亲。魏颗在魏武子死后将这名宠妾改嫁了，老人为了感谢他，就将草打结绊倒杜回来报答他。

"衔环"则来自南朝梁的志怪小说。里面写到东汉有个人叫杨宝，他在山上发现一只黄雀被攻击，受伤后掉到了树下，杨宝把它带回家照顾。一百多天后，黄雀伤好了，就飞走了。到了晚上，杨宝梦到一个黄衣童子，说他是西王母的使者，为了感谢杨宝的救命之恩,衔来四只白玉环送给他,希望他的后世子孙品德清白,位列三公。黄衣童子的祝福后来果然成真。

这两个典故被合用为"结草衔环",指受过别人的恩情,至死不忘,知恩图报。

■ 风吹草动

春秋时期,伍子胥的父亲跟哥哥因为得罪了楚平王而被杀,只有他一人逃到了吴国。《伍子胥变文》里描述他逃亡的时候,只要有一点点"风吹草动"就马上躲起来。"风吹草动"用来形容在惊恐害怕的状况中,即使是轻微的变化也会令人紧张。

叶

汉字源流

| 甲骨文 | 金文 | 战国文字 | 篆文 | 隶书 | 楷书 |

金文有"枼"字，一般用为"世"字的繁体。严格而言，应与叶字无涉。明确见叶字字形，始于战国文字。字从艸，枼声，在六书中属于形声。《说文》："叶，艸木之叶也。"段注："凡物之薄者，皆得以叶名。"隶书字形分别承自战国文字和篆文。规范字形"叶"则改从口，从十声。

叶指植物进行光合作用的器官，通常由叶片、叶柄组成，通称"叶子"，如"叶落归根"。引申为形状像叶子的东西，如"肺叶""百叶窗"。指书册中单张的纸，通"页"字。也用为计算或形容小船的数量，如"一叶扁舟"。另有世代、时期的意思，如"明代中叶"。也假借为姓。

另音 shè，用为地名。叶县，位于河南。

■ 叶公好龙

子张是孔子的弟子，他天资聪颖，勤奋好学，也善于待人接物，交友很广阔。子张想在仕途上有所发展，又正好听说鲁哀公喜欢结交士人，就来到鲁国，希望可以得到鲁哀公的赏识。可是，他却迟迟无法得到鲁哀公的敬重跟礼遇。失望之余，子张就讲了一个故事，请人转告哀公，自己就离去了。故事是这样的："从前有个叶公，他非常喜欢龙，住的地方都雕着龙的图案。天上的龙知道叶公爱龙成痴，就亲自下凡，来到叶公家里，想让叶公看看真正的龙长什么样子。真龙本来以为叶公看到它会很高兴，没想到他居然吓得魂飞魄散。这时大家才知道，其实叶公喜欢的不是真正的龙，是那些长得像龙可又不是龙的假龙。"子张说这个故事的用意是讽刺鲁哀公并不是真正想要结交士人,不过是徒慕虚名而已。"叶公好龙"指人所喜欢的似是而非,以至于表里不一、有名无实。

■ 一叶知秋

汉代流行一套"天人感应"的理论学说。当时的人把客观的"天"给人格化了,认为人的行为跟天道会同类相通,上天可以干预人做的事情,人也可以感应到上天,而天子就是上天的意志所在。如果天子违背天意,天就会降下灾祸;相反地,如果天子把国家治理得很好,就会出现祥瑞之兆。董仲舒进一步提出了阴阳五行学说,他认为宇宙是由金、木、水、火、土组成的,五行相生相克,自有其运行的道理,而人的生活也必须依循这样的道理,一旦有什么事情扰乱了五行的运行,就会发生灾祸。

《淮南子》是汉朝淮南王刘安集合门下食客所编写的一本书,内容以道家思想为主,同时也有先秦各家的学说,是杂家的代表作品。书中有一段叙述的是事物可由近观远、以小看大的道理。只要尝一口锅里的肉,就可以知道这整锅的味道如何;把羽毛和木炭悬挂起来,就可以从上面的表象看出空气里湿度的变化;看到一片叶子落下来,就可以推知秋天要来了,一年就快到尽头了;看到瓶子里的水结冰,就可以知道天气有多冷。"见一叶落,而知岁之将暮;睹瓶中之冰,而知天下之寒",说的就是这个意思。"一叶知秋"指从细微的征兆就可以推知事情的演变跟趋势。

植物篇

树

汉字源流

| 甲骨文 | 金文 | 战国文字 | 篆文 | 隶书 | 楷书 |

甲骨文字形或作🌳，从又（手）持木。甲骨文又作🌲、🌴，从力，壴声。壴又从木，豆声。力从手出，故与手义类可通；豆本为盛食的器皿，在此比拟树木挺立的样子。持树挺立必用力，所以从力与从又同义。金文则作🌳、🌴，皆从又（手），壴声，将"木"改作屮。屮为草木初生的样子，与木同类义通。战国秦系文字则作从寸，壴声的𣚦，楚系文字作从攴，壴声的𣚦。寸、攴与手义近可通。篆文则增一"木"形，为从木，尌声，而《说文》收录的古文字形，与战国秦系文字相近，只是左上部件屮和"木"的差别而已。隶书、楷书皆据篆文字形而定。在六书中，除甲骨文🌳属于异文会意外，其余诸字皆属于形声兼会意。

树是木本植物的统称，例如"树枝""松树"。引申为种植、栽培，如"百年树人"。也引申为建立，如"树敌"。也假借为姓。

■ 树倒猢狲散

南宋时，很多人因依附当时权势最大的秦桧而飞黄腾达。曹咏就是这样当上大官的，荣华富贵享用不尽。家乡很多人看曹咏得势了，都来巴结，只有他的大舅子厉德新不愿意奉承他，让他心生怨恨。后来秦桧死了，依附他的人也就跟着失势了。厉德新写了一篇《树倒猢狲散赋》，派人送给曹咏。他把秦桧比喻成大树，像曹咏这样依附他的人就像树上的猴子，大树一倒，猴子也就跟着四散了。"树倒猢狲散"用来形容有权势的人一旦失势，他的依附者也就跟着散去了。

■ 火树银花

"火树银花"的"火树"跟"银花"分别来自不同的地方。"火树"出自晋朝傅玄写的一首《庭燎》:"枝灯若火树,庭燎继天光。"形容庭院里面灯火通明,枝头上挂满了灯笼,像是火一样灿烂,在庭园里燃烧到天亮。

"银花"则是从南朝梁简文帝的一篇文章里来的。这篇文章描述了阿弥陀佛降临人间拯救世人的时候,水里开满了莲花,树上也落下了银花:"玉莲水开,银花树落。""银花"也用来代指灯。例如唐朝苏味道的《正月十五夜》:"火树银花合,星桥铁锁开。"这首诗就是形容元宵佳节,到处挂着灯笼,灯火通明,那些像火一样的树开满了银色的花。这两个典故后被合用成"火树银花",用来形容灯火通明的灿烂景象。

■ 蚍蜉撼树

唐代的韩愈,精通六经百家之学。他一生推崇儒家,排斥佛、道,同时也是古文大家,后来很多的文人都学习他写的文章。中唐时期,其实李白跟杜甫的诗并不被重视,还有人诋毁他们的作品。对此韩愈不能苟同,还写了一首诗给他的好友张籍:"李杜文章在,光焰万丈长。不知群儿愚,那用故谤伤。蚍蜉撼大树,可笑不自量。"(《调张籍》)在诗里他直接给了李白、杜甫最高的评价,还说那些企图诋毁李杜的人就像是蚂蚁妄想用一己之力摇动大树一样,既可笑又不自量力。"蚍蜉撼大树"演变成"蚍蜉撼树"这个成语,比喻人不自量力。

唐朝中期,以韩愈为首发起了古文运动,让文坛风气逐渐从偏好骈文变为提倡古文，后来苏轼更称赞他"文起八代之衰，道济天下之溺"。韩愈为人耿直，廉洁自律又敢说真话。有一次，唐宪宗把释迦牟尼佛的佛骨迎入宫中供养，韩愈就直言写了《谏迎佛骨表》，认为迎佛骨耗费银钱，还说"佛不足信"。皇帝一怒之下差点将他处死，因为其他人的求情才改成贬官到潮州。他的文章里有很多名句后来均演变成成语，除了"蚍蜉撼树"之外，还有"出类拔萃""虚张声势""业精于勤荒于嬉"等。

花

汉字源流

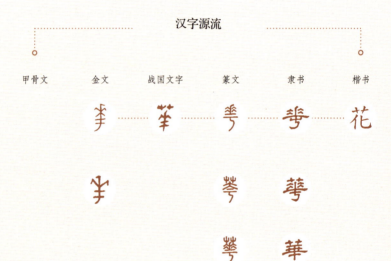

| 甲骨文 | 金文 | 战国文字 | 篆文 | 隶书 | 楷书 |

"花"字始见于金文，隶书作华，像花形。战国文字增从"艸"。篆文有𦾓、华二字形。《说文》曰："𦾓，艸木华也。从𦫳，亏声。"段注："此与下文华音义皆同。今字花行而𦾓废矣。"或体字从艸，从夸。《说文》曰："华，荣也。从艸𦾓。"段注："按《释艸》曰：'木谓之华，艸谓之荣。荣而实者谓之秀，荣而不实者谓之英。'析言之也。引申为光华、华夏字。"字至隶书仍见此二字形。至楷书改作从艸、化声的"花"字。

花，指植物的有性繁殖器官，由花冠、花萼、花托、花蕊等组成，有多种形状和颜色，大多有香味，如"桃花""花粉""花絮""开花结果"。字亦指像花朵的东西，如"浪花""雪花""葱花"。色彩或种类多变的意思，如"花哨""花样""花花世界"。由样色多变、驳杂扩大为模糊之义，如"老眼昏花""老花镜"。由多种形状推而指好看、好听但不实在的，或迷惑人的，如"花言巧语""花招"。指妓女或与妓女有关的，如"花魁""寻花问柳""花街柳巷"。比喻美女，如"校花""交际花""姐妹花"。比喻男子心性不定、用情不专，如"花心"。指耗费义，如"花费""花钱""花力气"。专指戏曲中的一种旦角，如"花旦"。形容黑白间杂，如"花白"。专指火成岩一种，如"花岗石"。也假借为姓。

■ 借花献佛

释迦牟尼佛曾经是婆罗门弟子，名叫善慧。有一次在莲花城，听说燃灯佛就要到这里了，他想用鲜花来供养燃灯佛。可是，莲花城的国王早就把城里全部的鲜花都收来供养燃灯佛了。

善慧找遍全城正在懊恼的时候，有个年轻的婢女走了过来。她怀里藏着一个瓶子，里头插着七朵青莲花。善慧看到，就恳求那个婢女把花卖给他。婢女被善慧的诚心打动，答应给他五朵青莲花，另外两朵则托善慧帮她拿去献给燃灯佛，为自己积功德。这个故事就是"借花献佛"，借用别人的东西来做人情。

■ 昙花一现

这个成语出自佛经。释迦牟尼的弟子舍利弗，曾经请师父讲解佛法给他听。释迦牟尼答应了，要他仔细听讲，这时候会场里另外还有五千个修道人。可是当释迦牟尼要开始讲道的时候，这五千个人却起身离开了。释迦牟尼看了，只跟舍利弗说："我现在要说的佛法，是世间少有的，就像三千年才开一次的优昙钵花一样珍贵。"后来"昙花一现"用来比喻人或事物刚刚出现就又消失了。

■ 移花接木

"移花接木"本来是一种栽种的方法，把花木的枝条接到别的品种上，让它生长在不同品种的树木上。常常用来比喻暗中使手段欺骗别人。在小说里可以看到很多这样的用法。《初刻拍案惊奇》里就写到了一个贾员外，他本来是穷困的泥水工，因为帮周秀才家打墙，意外获得了周家原本藏在墙下的财产。贾员外虽然娶了妻，却没有子嗣，后来巧遇落难的周秀才，因缘际会之下，领养了周家的孩子。在命运的安排下，最后家产还是回到了周家的后代手里。所以小说就用了"移花接木"来形容这个故事。周家的孩子变成了贾家的孩子，周家的家产落到贾家，最终却还是回到周家人手里，混乱的情形就像"移花接木"一样。

■ 落花流水

"落花流水"指的是暮春时节，凋零的花落到水里，被水流带走的景象。常在诗词里看到。晚唐诗人李群玉的《奉和张舍人送秦炼师归岑公山》写的就是暮春时节送朋友离开的场景："兰浦苍苍春欲暮，落花流水怨离琴。"落下的花瓣随着水流走，更让人多了哀愁。"落花流水"本来是客观的自然景色，可是在诗人的眼里就变成了离愁的象征。南唐李后主的名句"流水落花春去也，天上人间"也用了"流水落花"来描述亡国前的种种已经不可能再拥有了。因为这些诗词的关系，"落花流水"也用来形容残败的景象。

华

汉字源流

| 甲骨文 | 金文 | 战国文字 | 篆文 | 隶书 | 楷书 |

"华"字始见于金文。字本像花朵盛开之形，战国文字增从"艸"。篆文兼有𠌶、华二字。《说文》："𠌶，艸木华也。从𠦒，亏声。"段注："此与下文华音义皆同。华，荣也。《释艸》曰：'华，荂也。华、荂，荣也。'今字花行而𠌶废矣。"字或体从艸、从夸。《说文》："华，荣也。从艸𠌶。"段注："按，《释艸》曰：'蕍、芛、葟、华，荣。'浑言之也。又曰：'木谓之华，艸谓之荣。荣而实者谓之秀，荣而不实者谓之英。'析言之也。"隶书承篆文，兼有𠌶、华二形。楷书字形则承隶书而来。

由花盛开引申为繁荣，如"繁华""荣华富贵"。复引申为光彩、光辉、美丽的外表，如"华丽""华而不实"。指事物最美好的部分，如"精华""英华""含英咀华"。用为出现在太阳或月亮周围的彩色光环，如"月华""日华"。指美好的时光，如"韶华""年华"。作为敬辞，用于称跟对方有关的事物，如"华诞""华章"。指黑白混杂的头发，如"早生华发"。又指化妆用的粉，如"洗尽铅华"。字还作为中国、中华民族的简称，如"华夏""中华"。

另音 huà，用作地名，如"华山"。也假借为姓。

■ 华而不实

春秋时期，有个叫作宁嬴的人，他遇到了晋国大夫阳处父。宁嬴觉得阳处父是个仁义君子，就告别了妻子追随他去。可是，没过几天，宁嬴就回来了。妻子问他为什么这么快回来，他回答说："阳处父的个性太刚硬，又很偏执。就算是无情的上天也不能干涉四时运行，更何况是人呢？而且一路上跟他交谈下来，觉得他说话华而不实，不切实际，容易触犯别人，招来不满。我怕跟着他，还没得到回报就先有灾难发生，所以离开了。""华而不实"用来比喻虚浮、不切实际。

此外，《国语》也记载了春秋时期秦穆公设宴款待晋公子重耳，在宴会结束之后，秦穆公对臣子们说："华而不实，耻也。"他觉得一个人如果只有华丽的外表却没有内涵，是可耻的。

■ 春华秋实

崔骃是东汉时期的人，年少时与班固、傅毅齐名。他学识渊博，擅长写文章，但因为一直专心于做学问，不追求仕宦，就有人讥讽他不跟人互动，日后恐怕才能跟名声会不相符。也有一些人劝他当官，说要先立下壮大的功业，才能受到后人的景仰，最后才会名实相副。崔骃作《达旨》来回答他们。天地万物遵行自然的规律，阴阳也要有既定的准则。就像"春发其华，秋收其实"，春天开花，秋天才能收获果实，要有始有终，才能够有实质的收获。"春华秋实"这个成语就是从这里来的。

《颜氏家训》也说："夫学者犹种树也，春玩其华，秋登其实；讲论文章，春华也，修身利行，秋实也。"求学就像种树一样，谈论文章，加深涵养是春天赏花，修身养性则是秋天采收果实。开花是为了结果，欣赏文章也是为了要修身养性，两者有着因果关系。"春华秋实"用来比喻努力跟成果之间的因果关系。

实

汉字源流

| 甲骨文 | 金文 | 战国文字 | 篆文 | 隶书 | 楷书 |

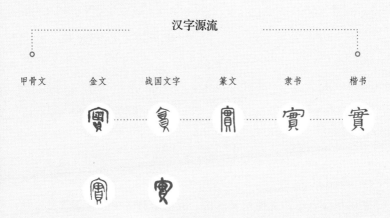

全文二例，第二例作𰀀，由"宀""贯"两部分构成。从宀，示屋舍府库之义。从贯（"毌"之后起字），示财物。（所从贯，其绳两端下垂。会二字得充实之义。）第一例所从贯，上体中着两小点，冗文。战国文字二例，首例从宀、从贯，上体"毌"形变异为"贝"；第二例承自金文第二例。篆文承自战国文字第二例。隶书承自篆文，楷书沿之而定体。在六书中属于异文会意。

本义为充足、充满，如"充实"。引申为使充实，如"荷枪实弹"。引申为富裕，如"国实民富"。引申为真相、事实，如"传闻失实"。引申为真正的，如"真实""真材实料"。引申为果实，如"结实累累"。引申为事迹，如"史实"。也假借为姓。

名副其实

东汉末年，曹操东征西讨，战功赫赫，可是孔融常常不顾曹操的权位，公然反对他、非议他，也针对时政上书给曹操，一点也不客气。日子久了，曹操对他就有点不满，可是因为孔融名声在外，只好隐忍下来。当时郗虑为了附和曹操，上奏要罢免孔融的官职。两个人自此就有了心结。为了化解他们之间的嫌隙，曹操写了一封信给孔融，说他们本来互相欣赏，惺惺相惜，结果因为一点小事变成这样实在不值得。在这封信里，曹操写道："文举盛叹鸿豫名实相副。"这句话是说孔融曾经大力称赞郗虑很有学问，他的内在跟名声是一样好的。"名副其实"就是指名声跟实际相符。

实事求是

刘德是汉景帝的第三个儿子,后人称他为河间献王。在秦始皇焚书以后,古代的书籍几乎都被烧毁了,所以刘德常常派人向民间访求,搜集到不少先秦时期的珍贵古书,他的藏书甚至跟朝廷的不相上下。他尊崇儒术,治学严谨,所以班固在《汉书》里称赞他说:"修古好学,实事求是。"后来"实事求是"变成成语,用来指做事确实,而且求真确。

竹

汉字源流

| 甲骨文 | 金文 | 战国文字 | 篆文 | 隶书 | 楷书 |

甲骨文、金文的"竹"字都像竹叶纷披的样子。战国文字之 ᏇᏇ 少了上端连接之枝，而多了下端的叶。篆文承自战国文字，为使其整齐化，用垂直的线条来表现，仍像竹叶之形。字经隶书，形变作竹，稍失其形；作竹则远离原形，而楷书即沿之而定体。以上诸形，都据具体的实象造字。在六书中属于象形。

本义是竹子。引申为竹简，如"罄竹难书"。引申为古时八种乐器之一，如"匏、革、土、木、石、金、丝、竹"。引申为竹制的，如"竹蜻蜓""竹篮子"。也假借为姓。

■ 势如破竹

杜预是西晋名将，蜀汉灭亡之后，孙吴偏安江东，晋武帝就封杜预为"镇南大将军"，派他去攻打东吴。战事进展得很顺利，杜预短短几天就攻占了很多城池，连吴国的都督孙歆都被俘虏了。杜预看这样的情势，想要乘胜追击，可是有官员表示反对，说吴国立国很久了，一下子很难攻下；而且此时南方正是雨季，河水容易泛滥，不好行军；天气又热，容易传染疾病，不如现在见好就收，等到冬天再说。可是杜预不这么认为，他说："今兵威已振，譬如破竹，数节之后，皆迎刃而解，无复着手处也。"意思是说现在军队士气旺盛，趁机伐吴，就像用刀劈开竹子一样，只要劈开前面几节，下面顺着刀势就轻松了。后来晋军继续进攻，果然节节顺利。"势如破竹"形容作战或者事情进展顺利。

■ 青梅竹马

李白的诗《长干行》，写的是一个年轻的妇人和丈夫离别的愁绪。这首诗用女子自述的方式，写出了从童年相伴、成婚到分开之后相思的过程，以及她对夫婿的深情。"妾发初覆额，折花门前剧。郎骑竹马来，绕床弄青梅。同居长干里，两小无嫌猜。"这是诗的开头，说的是两个人自小相识以及天真无邪的童年生活。情窦未开、纯真烂漫的小儿女一起"折花""骑竹马""绕床""弄青梅"，为日后的生活留下美好的回忆。"青梅竹马"比喻从小就认识的同伴。

■ 罄竹难书

《吕氏春秋》里有一段描述了乱世的各种异象，譬如天上的云变成怪异的形状，日食，天上同时有两个或四个月亮一起出现，马的头上长出角来，有人养出五只脚的鸡，母猪生下小狗，等等。书里说："此皆乱国之所生也，不能胜数，尽荆、越之竹，犹不能书。"意思是这些都是乱世会产生的异象，而且多到就算用光了荆、越两地的竹子都写不完。"罄竹难书"的"罄"是"用完"的意思，"竹"则是以前用来刻写文字的"竹简"。所以，"罄竹难书"就是把所有竹简拿来书写都写不完。本来是用来形容乱象很多，后来用以形容罪状多。例如汉朝的大臣朱世安被诬陷下狱的时候，上书揭发丞相公孙贺父子作恶多端，就写道"南山之竹不足受我辞"。隋朝的李密要讨伐隋炀帝，檄文里形容隋炀帝罪大恶极，就写了"罄南山之竹，书罪未穷"。

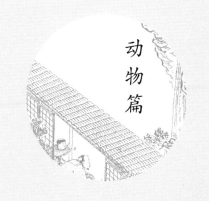

动物篇

魚　鳥　羊

鱼

汉字源流

甲骨文　金文　战国文字　篆文　隶书　楷书

甲骨文之𩵋，以直式呈现，上像鱼头，中像身、鳞，下像尾，两侧像鳍，属象形。金文三例，第一例纯属图像，第二例与甲骨文互有繁简，第三例尾部线条不相连，不影响其音、义。战国文字二例，省了鱼鳍，其余和金文第三例相似。篆文𩵋和战国文字最相近，上像鱼头，中像身、鳞，下像尾。字经隶书，形变作魚，以四点代表鱼尾，颇失其形，而楷书沿之而定体。以上诸形都据具体的实象造字。在六书中属于象形。

本义是水中的脊椎动物，一般身体侧扁，呈纺锤形，多半有鳞，用鳍游泳，用鳃呼吸，体温随外界温度的变化而改变。种类很多，大多可供食用。比拟像游鱼一样首尾相接，如"鱼贯而行"。比拟像鱼游在水中的东西，如"鱼雷"。也假借为姓。

■ 如鱼得水

鱼没办法离开水生活，只有在水里才能真正地自由自在，所以"如鱼得水"常常被用作各种比喻。秦朝的李斯用"如游鱼得水"来比喻写字用笔灵活。也可以用鱼跟水的契合，比喻得到跟自己志同道合的人，或适合自己发展的环境。三国时期刘备得到孔明帮助的时候，就说自己"犹鱼之有水"。另外，短篇小说集《喻世明言》里用"如鱼得水，似漆投胶"来形容两位主角，比喻他们的关系很亲密，这种用法通常指男女爱情。

■ 殃及池鱼

春秋时期，宋国的司马桓魋曾经权倾一时，家财万贯，还有一颗珍贵的宝珠。后来他获罪逃亡，宋景公想要那颗宝珠，就派人去问他宝珠的下落。桓魋随口说："我丢到池里了。"结果，众人把池水都排掉来找那颗珠子，不但一无所获，还让池里的鱼都死了。宋景公为了找珠子，害得池里的鱼受到无辜牵连。

另外还有一个故事，说的是城门失火了，大家就舀池子里的水去救火，池水因为这样，就干涸了，里面的鱼也都死了。

"殃及池鱼"这个成语比喻无故受到牵连。

■ 得鱼忘筌

筌，是竹编的鱼笼。要抓到鱼，就要用筌，可是它们只是达成目的的手段和过程而已，一旦抓到了鱼，筌就没用了。庄子说"筌者所以在鱼，得鱼而忘筌"，就是这个道理。同样地，言论著作也只是用来说明道理的工具，人不能拘泥在语言跟文字里，一旦明白道理，就应该舍弃这些外在的形式，也就是"得意而忘言"。"得鱼忘筌"，比喻悟道的人忘记外在的实体，后来多用来说人忘恩负义、过河拆桥。

■ 漏网之鱼

在《史记》里，司马迁很赞同孔子和老子的想法，他认为法令只是工具，不是澄清吏治的根本。汉朝初年，一改过去的严刑峻法，法网疏漏，"网漏于吞舟之鱼"——甚至连吞得下船的那种大鱼都能逃脱，可是政治却很清明，没有什么作奸犯科的事情，人民生活安定。在这以前，法律非常严苛，各种罪行却层出不穷。由此可知，治民之道在于教化，不在法令。后来就有了成语"漏网之鱼",比喻侥幸逃脱法网的人。

孔子说,如果用政令和刑罚来治理人民,人民只是苟且遵行而已。可是,如果用道德礼教来教导,他们不但自己有了羞耻心,也因此可以自发向善。老子也说,最好的治理方法,是不去彰显那些德政,让人民自然而然地成为有德行的人。

鸟

汉字源流

甲骨文	金文	战国文字	篆文	隶书	楷书

甲骨文之󰀀，纯以图画示意，属象形。金文三例，全像鸟形，仅繁简不同而已。战国文字作󰀀，像其首、眼、身、羽和脚。篆文󰀀以线条表现鸟形，酷似其侧视的样子。字经隶书，变体作鳥，颇失其形，楷书则沿之以定体，也就不易了解其原形了。以上诸形，都据具体的实象造字。在六书中属于象形。

本义是禽类的通称。"鸟"和"隹"无别，《说文》将"鸟"解为长尾鸟的总称，"隹"解为短尾鸟的总称，是不正确的。因隹、鸟用作字的偏旁，通常互作。鸟羽最长的莫过于雉，而雉却从隹构形；反之，鸟羽最短的，莫过于鹤，而鹤却从鸟构形。由此可见，隹、鸟和尾之长短是没有关系的。引申为狭小的、险峻的，如"鸟道""鸟径"。引申为居高临下，如"鸟瞰"。比拟像鸟形的兵器，如"鸟铳"。假借为星名，如《书经·尧典》"日中星鸟"（当日夜长度相等，黄昏时可见到鸟星）。也假借为姓。

■ 鸟尽弓藏

刘安是汉高祖刘邦的孙子，被封为淮南王。他擅长文章辞藻，很受汉武帝的宠爱。汉武帝曾经命他写一篇《离骚传》，他只花了一个早上就写完了，其文思敏捷可见一斑。但是后来淮南王刘安却因为谋反的计划泄露，上吊自杀了。他曾经跟门下的食客、方士一起合写了《淮南子》一书，内容大部分是道家思想，而且融汇了先秦各家的学说，现在留下来的只剩下"内篇"，其他的都已经散佚了。这里头有一段提及："狡兔得而猎犬烹，高鸟尽而强弩藏。"一旦抓到了兔子，就把抓兔子的那个猎犬煮来吃掉；飞在天上的鸟被射下来了，就把弓箭给收起来。事情成功以后，有功劳的人就没有了利用价值，不但没有得到应有的奖赏、回报，还因为才能出众，受到猜忌，反而被杀害或者被疏远，没什么好下场。"鸟尽弓藏"这个成语比喻天下平定以后就遗弃那些功臣。

■ 惊弓之鸟

战国七雄之中，以秦国实力最强。秦国野心勃勃，对其他国家造成了威胁，所以楚、齐、燕、韩、赵、魏六国就决定联合起来，采用"合纵"的策略（也就是南北纵向的各个国家联合起来）对抗西边的秦国，不让它的势力继续扩张。为了商讨结盟的事情，赵国派使者魏加到楚国去。魏加听了楚国要派出的主将人选，觉得不合适，又因为自己年轻的时候喜欢射箭，就举了一个射箭的例子来劝楚国的人。他说："以前魏国有个射箭好手名叫更羸。一天，他跟魏王来到一座高台的下面，抬头看到在天上飞的鸟，他就跟魏王说他可以只用弓不用箭就把天上的鸟射下来。魏王不相信。过了一会儿，东方飞来一群雁，更羸把弓拉满，说了个'放'字，果真有一只雁掉下来了。魏王吃惊地问：'为什么这样就可以把雁射下来？'更羸解释说：'因为这是一只负伤的雁。'魏王又问：'你怎么知道呢？'更羸回答说：'这只雁飞得很慢，是因为身上的旧伤在痛；它的叫声悲伤，是因为长久跟不上雁群。旧伤没好，心里受到的惊吓也没有平复，所以它一听到拉弓的声音，就惊慌失措地往更高的地方飞,结果旧伤裂开,就掉了下来。'你们要派的主将以前被秦国打败过,心中的阴影难以抹除,就跟这只雁一样,不适合让他担任对抗秦国的主将啊!""惊弓之鸟"比喻曾经受到惊吓,心有余悸,只要有一点点动静就害怕的人。

羊

汉字源流

| 甲骨文 | 金文 | 战国文字 | 篆文 | 隶书 | 楷书 |

甲骨文之𦍌，上像其角，下像其头，正像羊头的样子，据具体的实象造字。在六书中属于象形。金文三例，繁简不同，但都像羊头之形，当属象形。战国文字、篆文之羊，显然由金文第三例而来。隶书第一例无疑承自篆文之形；第二例羊角连成横画，遂失其形，楷书即沿此形而定体。

本义是哺乳动物，食草，属反刍类。头上有角，分山羊、绵羊、羚羊等多种。也假借为姓。

■ 羊质虎皮

"羊质虎皮"，意思是外表披了老虎皮，可是本身其实还是羊，比喻虚有其表。汉代扬雄的著作《法言》是模仿《论语》的语录体写成的。书里面记载有一个人问扬雄："如果有个自称姓孔、字仲尼的人，到孔子家里去，趴在孔子的桌上休息，穿着孔子的衣服，那这个人就可以算是孔子了吗？"扬雄回答说："他虽然外表模仿孔子，但本质绝对不是。"他又问扬雄："什么叫作本质？"扬雄回答："就像一只羊披上老虎皮，虽然假装自己是老虎，可是本质还是羊，改不了本性，一看到草就高兴，想要去吃，看到狼还是会害怕，就算披上虎皮，也还是一只假老虎。"这就是"羊质虎皮"的由来，形容一个人徒有外表，没有相应的内在。

■ 亡羊补牢

战国时期，楚襄王曾经有一段时间沉迷于享乐，大臣庄辛为此很担心，就劝楚襄王说："大王经常和州侯、夏侯、鄢陵君、寿陵君他们在一起,他们都贪图享乐,如果大王再不好好处理政事,恐怕就要亡国了。"楚襄王听了,不但没有接纳他的谏言,反而说:"我看你是老糊涂了,现在天下太平,怎么可能会亡国呢?"庄辛又说:"如果大王继续与他们为伍,楚国一定会灭亡。如果您不相信,就请让我到赵国避一避,看看事情会怎么发展。"于是,庄辛就去了赵国。五个月之后,果然,秦国发兵来攻,连楚国的国都都被占领了。楚襄王逃到城阳以后,想起庄辛说过的话,很后悔,赶快派人把庄辛找回来。楚襄王一见到庄辛,就说:"我当初没有听先生的劝告,才会落得如此下场,现在该如何是好呢?"庄辛回答:"看到兔子才去找猎犬来追,还不算太晚;羊跑了才去修补羊圈,也不算太迟。像商汤、周武王这样的贤王,虽然只有百里之地,却能兴盛起来;现在楚国的领土有几千里,比他们的要大多了,只要大王有心,并非不可能!"这次楚襄王完全采纳了庄辛的建议,而且在他的辅佐下,重振国力,收复失地,度过了这次的危机。"亡羊补牢"是说犯错后如果及时改正,还能补救。

■ 顺手牵羊

《礼记》是儒学经典,记载了先秦的规章制度。里面提到"效马、效羊者,右牵之;效犬者,左牵之",意思是,进献马跟羊的时候可以用右手牵着,因为它们性情温驯。但如果是狗,就要改用左手牵着了,因为狗的性情比较不温和,用左手牵着,这样一来如果有什么突发状况,右手才能随机应变。"顺手牵羊"现在的意思变了,指的是趁机拿走别人的东西。

■ 羊左之交

春秋时期,管仲和鲍叔牙的"管鲍之交"人人皆知。战国时期,也有"羊左之交"。当时羊角哀和左伯桃听说楚王是个好君主,就一起前去楚国见他,可是在途中遇上风雪,饥寒交迫,左伯桃就把自己的衣服跟食物全都给了羊角哀,自己死在了洞中,成就了这段"羊左之交"。

鸡

汉字源流

甲骨文　　金文　　战国文字　　篆文　　隶书　　楷书

"鸡"字始见于甲骨文。字从鸟具冠,本属象形,由卜辞文例"夕有鸡鸣"句已见用其本义。晚期卜辞可见字增奚声,改为形声字,用为王田狩地名。殷金文字用作族徽名,属象形。战国秦简文字则改从隹,奚声,由《睡虎地秦简》的"畜鸡""猪鸡""鸡鸣"用法可见仍用作本义。篆文字形承袭秦简。《说文》:"鸡,知时畜也。"籀文从鸟。隶书、楷书以后字形均承篆文结构而来。在六书中属于形声。

本义为鸟名,属家禽,嘴短,上喙弯曲,头有肉冠,翅膀短,其肉和蛋可食用。也假借为姓。

■ 呆若木鸡

《庄子》里有一则寓言故事,说以前有个叫纪渻子的人帮齐王训练斗鸡。才训练了十天,齐王就问:"可以了吗?"他回答:"还不行!它看起来还是很骄傲,很容易冲动。"又过了十天,齐王再问他,他还是说:"不行!别的鸡叫,它就跟着叫,不够沉着。"再过十天,齐王再问,他又说:"还是不行!它的气势还太旺盛。"终于在又一个十天后,齐王再问时,他说:"可以了!它现在对其他同伴的叫声毫无反应,沉稳的态度让它看起来就像是一只木头做的鸡一样,已经有了完善的战斗力。别的鸡看到它的样子,一定不敢应战,转身就跑。"后来,这只鸡果然百战百胜。这个故事其实是用那只"木鸡"来比喻人如果学养高深,态度就越稳重。"望之似木鸡矣,其德全矣",后来变成成语"呆若木鸡",但是已变成了字面上的意思,形容人愚笨,或者因为受惊吓而发愣。

鸡鸣狗盗

孟尝君是战国时期齐国的贵族,被齐王任命为相国,很有声望,又因为他礼贤下士,所以天下的术士、文人纷纷前来投靠,门下的食客达三千之多。有一次,孟尝君出使秦国。秦昭王久闻他的名声,想要拜他为秦国的宰相,可是大臣们都反对,觉得孟尝君是齐国的贵族,如果做了秦国的宰相,一定会为了齐国的利益牺牲秦国,到时候秦国就岌岌可危了。秦昭王听了就打消了这个念头,但又害怕他回齐国之后会报复秦国,所以就把孟尝君给囚禁起来,准备杀掉他。孟尝君眼看性命危在旦夕,非常着急,连忙派人去见秦昭王的宠妃,希望她能代为求情。妃子答应了,但要孟尝君送她一件狐白裘,就是用狐狸腋下的白毛做成的大衣。孟尝君心里想,唯一的一件狐白裘已经送给了昭王,哪里还能找来第二件呢?正不知如何是好时,有一位同行的食客,"能为狗盗者",自告奋勇,说他能拿到狐白裘。于是,他就趁着黑夜潜入宫中宝库,顺利偷出了狐白裘,送给了妃子。妃子也兑现承诺,在秦昭王面前为孟尝君说了很多好话,让秦昭王答应放人。

孟尝君怕秦昭王后悔,跟食客们连夜往回赶,可是到了函谷关,却发现关口要等到清晨鸡啼的时候才会打开。而且此时秦昭王已然后悔,派人沿路追赶。如果天亮之前孟尝君一行人还没出关,就再也出不去了。孟尝君焦急得不得了,这时候,他的门客里,有个"能为鸡鸣者",开始学鸡叫,叫了几声,引得附近的鸡跟着叫起来。守关的士兵听到鸡叫,以为天亮了,就把关门打开,让孟尝君一行人出关。等秦国的追兵到达时,孟尝君早就离开秦国,追兵再也追不上了。这个故事里面的"狗盗"和"鸡鸣"就合并成了成语"鸡鸣狗盗",比喻有某种比较卑下的技能的人,或者低劣的人或事。

狼

汉字源流

| 甲骨文 | 金文 | 战国文字 | 篆文 | 隶书 | 楷书 |

自甲骨文至楷书，字形结构皆为从犬，良声。"犬"为狗，作为形符，表示义与犬有关；"良"为善，于此仅作不示义的声符，表示音读。在六书中属于形声。

本义为动物名，哺乳纲食肉目犬科。形状似犬，毛为青灰色，头锐喙尖，后脚稍短。嗅觉灵敏，听觉佳。性凶狠狡猾，昼伏夜出，往往结群伤害禽畜，如"引狼入室"。也假借为姓。

■ 引狼入室

"引狼入室"这个成语在元代戏曲里就可以看到了。清代的蒲松龄在《聊斋志异》里写了个故事，说的是一个名叫谢中条的人，他的妻子过世了，留下了两个儿子、一个女儿。后来他看到了一个美丽的女子，虽然不了解对方，但他贪图美色，还是娶了她。没想到，有一天，他因为公事外出，回家的时候，看到一头狼冲出门来，把他吓得半死。进屋一看，子女都已经被吃掉了。他这才醒悟过来，那个美女原来是狼变的妖精。作者评论这件事说："士则无行，报亦惨矣。再娶者，皆引狼入室耳。"意思是说，如果不查考品行，任意续弦，就是引狼入室、自招祸患的行为。

■ 豺狼当道

汉成帝在位的时候，有个名叫侯文的人，他性情刚正，不想跟其他的人同流合污，以身体不适为由，不愿意出来当官。当时的京兆尹孙宝很欣赏他，和他结交以后，任命他为东部督邮，负责检举纠察辖区内的不法之事。有一天，孙宝问他："现在要开始铲除恶人了，辖区里头有这样的人吗？"侯文回答："有，霸陵的杜稚季就是。"可是孙宝因为和杜稚季有点渊源，不想办他，就问："还有谁呢？"侯文回答说："豺狼横道，不宜复问狐狸。"意思是豺狼横行，要抓就要先抓危害最大的，其他小狐狸不必费心。杜稚季就是这个豺狼，除害要先从大害着手。后来"豺狼当道"就比喻坏人横行作恶，或者奸人掌握大权。

■ 狼狈为奸

"狈"是一种传说中的动物，据说"狈"跟"狼"长得很像，只是狈的前腿很短，所以一定要把两只前腿跨骑在狼的背上才能行走。没有了狼，狈根本就不能行动，所以人们就常常把事情不能顺利进展、处境困顿的情况称为"狼狈"。

狼和狈会联手做坏事。曾经有个人独自经过一个偏僻的地方，遇见了几十只狼，情急之下爬到草堆上。其中有两只狼，就钻进一个洞穴，背出一只狈，这只狈来到草堆之下，用嘴拨掉草堆上的草，其他狼看了，也有样学样。眼看着草堆就要垮下来了，正巧来了一群猎人，把这个人救了出来。后来"狼狈为奸"就用来比喻互相勾结做坏事。

关于"狈"，还有一种说法，说"狈"其实是被捕兽夹夹断了前腿的狼，因为狼是群居动物，不会遗弃同伴，所以就把狈背在背上，一起行动。

鹿

汉字源流

甲骨文	金文	战国文字	篆文	隶书	楷书

甲骨文之鹿，纯以图像呈现。其形上像两角，中以眼像头，下像身、尾、两脚。另一鹿形较为简单，以一角显示，以侧立之形呈现。金文第一例承自甲骨文第一例，这点显而易见；第二例省略身、尾，不影响其音、义。战国文字二例，都上像角，中像头，下像两脚。篆文蠹上像角，中像头，下像身、两脚，而头的右笔向下拖长，使形体为之讹变，然不失为象形。字经隶书，体变作鹿、鹿，益失其形。楷书则据隶书第二例以定体。以上诸形都据具体的实象造字。在六书中属于象形。

本义是一种哺乳动物，大如小马，四肢细长，尾短，全身褐色白斑，性温驯，雄有犄角，像树枝，可以制药。假借为争夺的对象，或比喻为政权，如"逐鹿中原""鹿死谁手"。也假借为姓。

■ 指鹿为马

秦朝的赵高生性奸诈又充满野心，想要篡夺朝中大权。秦始皇病逝的时候，他假传圣旨，赐死了秦始皇的长子扶苏，立次子为帝，也就是秦二世，自己则当了丞相。有一天，赵高牵着一头鹿献给秦二世，说："这是一匹马。"秦二世说："你错把鹿当成马了。"赵高说："皇上如果不相信我说的话，可以问问其他人呀。"群臣中，有人说是鹿，有人沉默，有人迎合赵高说是马。后来赵高暗中把那些说是鹿的大臣给杀了，大家从此对赵高更是畏惧。"指鹿为马"，指有人刻意颠倒黑白。

■ 鹿死谁手

东晋时期，北方的少数民族纷纷独立并建国，前后总共建立了十六个国家，史称"五胡十六国"。后赵的开国君主石勒，是个有野心也有才干的人，建立了丰功伟业，把国家治理得很好。有一次，他在邀请了外国使节的宴会上得意地问大臣徐光："我的功绩可以和历史上哪位开国君主相比呢？"徐光说："陛下您比汉朝的刘邦、曹魏的曹操还要能干，自夏商周以来，无人能比，只在黄帝之下而已！"石勒听了笑着说："你把我说得太好了吧！我如果遇到刘邦，一定会忠心侍奉他，跟韩信、彭越这些人一起替他打天下。要是遇到光武帝刘秀，'当并驱于中原，未知鹿死谁手'。我一定和他争一争天下，那时谁输谁赢还不知道呢！"鹿常常是古代狩猎的主要目标，也被用来比喻人人觊觎的政权。石勒就用"未知鹿死谁手"来表示他有跟刘秀竞争的自信。

■ 逐鹿中原

韩信的谋士蒯通看到韩信的势力已经慢慢培养了起来，就劝他背叛刘邦，自己去争天下，但是韩信不听。后来刘邦打败了项羽，反过来杀害功臣，韩信后悔说："当初不听蒯通之言才会有今天！"刘邦知道以后，就抓了蒯通并想杀了他。

蒯通就说："'秦失其鹿，天下共逐之'，有才能的人当然捷足先登。我追随韩信，也只是尽忠而已。况天底下想要成就陛下的事业的人何其多，难道要一一杀死吗？"刘邦觉得蒯通还真有胆识，也就放过了他。"逐鹿中原"，比喻争夺天下。

乌

汉字源流

| 甲骨文 | 金文 | 战国文字 | 篆文 | 隶书 | 楷书 |

此字金文像乌抬起头叫的样子，表示乌鸦喜欢啼叫的特征；另有一个形体没有画出眼睛。篆文像没有画出眼睛的乌鸦，因为乌鸦全身都是黑色的羽毛，所以看不出眼睛的位置。隶书、楷书都从篆文而来，将乌鸦的足及尾变成四点。在六书中属于象形。

本义就是乌鸦。由于乌鸦的羽毛全黑，引申作黑色的意思，如"乌黑""乌云""乌烟瘴气""乌溜溜的眼睛"。假借为无、没有，如"乌有"。文言文中假借为疑问副词，相当于"何""怎么"，如"乌可与言"。也假借为姓。

另音wù，用于植物名"乌拉草"。

■ 乌合之众

管仲是春秋时期齐国人。他一开始在公子纠手底下做事，后来在鲍叔牙的推荐之下做了齐国的相国，很受齐桓公的重用。他提供的建议都是富国强兵的良策。在外交方面，他尊王攘夷，辅佐齐桓公成为春秋一代霸主。管仲奠定了齐国的法治思想，着重经济管理，他曾经说："乌合之众，初虽有权，后必相吐，虽善不亲也。"意思就是像乌鸦一样暂时凑合在一起的人，因为没有组织、没有纪律，刚开始什么都好商量，但久了之后就什么都看不对眼，互相唾弃。表面上虽然还维持良好的关系，可是彼此不交心。"乌合之众"用来比喻暂时凑合却没有组织纪律的一群人。

■ 子虚乌有

司马相如是西汉的辞赋家。年轻的时候,他曾经是梁孝王的门客,跟众多文士来往,为自己的创作生涯打下了很好的基础。梁孝王死后,司马相如回到家乡,过着清贫的生活,直到爱好辞赋的汉武帝即位,生活才有所好转。根据《史记》里面的记载,汉武帝初次读到司马相如写的《子虚赋》的时候非常赞赏,马上召见了他。司马相如见了汉武帝,说:"《子虚赋》的内容只是叙述诸侯的游猎而已,没有什么可观之处,让我再写一篇描述天子游猎的赋。"汉武帝听了很高兴,就请他立即创作,司马相如就又写了著名的《上林赋》。

《子虚赋》里,虚构了子虚、乌有以及无是公三个人。楚人子虚出使齐国,齐王派了人陪他游猎,后来子虚故意在乌有面前说起这件事情,然后又借着吹嘘楚王游猎的盛况来贬低齐王。乌有为维护齐王,反问子虚很多问题,还评论楚王"奢言淫乐而显侈靡"。无是公听了这两个人的争辩,又以周天子游猎时盛大的情景来压倒楚、齐两国。其实这篇文章里面所说的事情,完全是假想出来的,连"子虚""乌有""无是公"这些人物也都是虚构的,所以后来就用"子虚乌有"来指一些虚构的、假设的、不存在的东西。

雀

汉字源流

甲骨文	金文	战国文字	篆文	隶书	楷书

甲骨文作雀，由"小""隹"二字构成。此字从隹，示其为鸟类之义。从小，示其体形。会二字得麻雀，依人小鸟之义。金文承自甲骨文。战国文字承自金文，"小"形变作"少"。小篆承自金文。楷书承自篆文而定体。在六书中属于异文会意。

音读 què，本义为麻雀，依人小鸟，如"门可罗雀""欢呼雀跃"。引申为微小，如"雀麦""雀鱼"。也假借为姓（中国大陆特有）。

另有音 qiāo，用于"雀子"一词，指雀斑。

又有音 qiǎo，用于口语词"家雀儿""雀盲眼"，义同"雀"（què）。

门可罗雀

《史记·汲郑列传》记载的是汉朝初年汲黯还有郑庄的事迹。汲黯在汉景帝在位的时候，辅佐当时还是太子的汉武帝。汉武帝继位后，汲黯出任东海太守，后来又被召为主爵都尉。郑庄则是先在太子宫中做事，之后又做了大农令，管理国家财政。这两个人都曾经位列九卿，受到众人的尊敬，每天上门要来巴结逢迎的人不计其数。可是因为他们的个性太刚正不阿，不适合官场这样的环境，后来都丢了官，失势后连生活都陷入困境。没了官位，以前那些川流不息的宾客也都跟着消失得无影无踪。

历史上还有其他的例子，司马迁还写到汉文帝时候的大臣——翟公。他曾经是九卿之一的廷尉，位高权重。在他任官期间，每天家里的客人也是络绎不绝，把大门挤得水泄不通。可是当他失去官职以后，就不再有人造访了，"门外可设雀罗"，冷清到可以在门前装机关，捕麻雀。直到他复职，回到原来的官位，从前的宾客才又再度登门。这样一失一得、一贫一富的交替形成的不同处境让翟公也看透了人情冷暖、世态炎凉。司马迁就用翟公的这段史事来表达对官场世情的感慨。他说，像汲黯、郑庄这样出色的人都会遇到这种待遇，更何况是一般人呢？"门可罗雀"，形容做官的人失势之后宾客稀少的情况，也可以泛指一般客人稀少，很冷清的样子。

■ 燕雀处堂

战国时期，秦国出兵攻打赵国，邻近的魏国大夫们一致认为不论赵国是输是赢对魏国来说都是有利的，可是当时的相国却持相反的意见。他说："秦国是个贪婪的国家，打败了赵国以后，一定还会再攻打其他的国家，那时候魏国不就危险了吗？这就像是在住家屋檐下筑巢的燕雀，平常相安无事、和乐融洽，'燕雀处屋，子母相哺，煦煦焉其相乐也'，自以为很安全。结果有一天，灶上烟囱突然起火，眼看就要烧到屋梁，可是这些鸟儿一点儿都没有警觉灾难就要降临在自己的身上。现在你们完全没想到赵国被攻破以后祸患就会转而来到自己身上，这不就跟燕雀一样无知吗？""燕雀处堂"这个成语，就比喻身处在危险的环境，却不自知，毫无警觉之心。

凤

汉字源流

| 甲骨文 | 金文 | 战国文字 | 篆文 | 隶书 | 楷书 |

甲骨文、金文字形都具体勾画出凤鸟高冠、长羽与羽尾、凤眼的形象，与今日所见孔雀形似。甲骨文也有另加"凡声"与"兄声"的后起字形，为凤字形声化的现象。篆文字形除保留独体象形的𠙶字外，另有添加鸟旁以强化表义的䳴字，以及经由类化过程，以鸟形取代凤形，形成"从鸟、凡声"的凤字。在六书中属于形声。

本义为神鸟名，指古代传说中象征祥瑞的百鸟之王，雄的称为"凤"，雌的称为"凰"，通称为凤。古人将凤凰、麒麟、龟、龙这四种祥瑞的神兽合称为四灵，引申为祥瑞的征兆，如"龙凤呈祥""祥麟瑞凤""凤凰来仪"。凤为罕见的神兽，又用以比喻珍贵而稀有的事物或人才，如"凤毛麟角""凤髓龙肝""龙凤之姿""望女成凤"。又比喻为婚姻关系中的男子，如"凤凰于飞""凤求凰"。古人又以凤为火神，所以又称之为"丹鸟""火鸟""鹍鸡"。也假借为姓。

■ 凤毛麟角

"凤毛麟角"的"凤毛"跟"麟角"出自不同的地方。《世说新语》记载，王导是东晋时期的权臣，王劭是王导的第五个儿子，风度、姿态都很像他的父亲。他担任侍中的时候，有一次奉旨授予桓温升职用的官服。王劭刚从大门进来，桓温远远望见他就觉得他有他父亲的风范。六朝时期，南方人称赞子弟有才干，可以跟父兄一辈的相比，就会说"有凤毛"，此处的意思是称赞王劭的能力不输给父亲王导。

魏文帝曹丕喜欢文学，即位以后进行了一连串的改革，包括选拔人才，提倡文学，一时之间，文风大盛。可是学的人虽然多，有成就的却少，所以当时的官员蒋济就评论说："学文学的人虽然多得像牛毛一样，可是真正学有所成的，却跟麒麟的角一样罕见。"跟前面的典故合用成"凤毛麟角"，比喻稀罕珍贵的人或物。

■ 龙飞凤舞

草书是书法书写字体之一，形成于汉代，为的是书写可以更方便、快速。草书初创的时候被称作"章草"，把隶书的笔画给简省了，草率写成，但是字跟字之间相互分离，不会连在一起。到了汉朝末年，张芝除去了"章草"里头保留的隶书笔画痕迹，再把笔势连缀，上下两个字相连，形成了"今草"，也就是后世通行的草书。南朝的梁武帝萧衍，不但学识渊博，能写文章，还擅长书法。他曾经写过一篇《草书状》，里头就表现了他对草书变化多端的体态很是赞叹。他形容草书的笔势"婆娑而飞舞凤，宛转而起蟠龙"，有的时候像是飞舞的凤，有时候又像是盘曲的龙。"龙飞凤舞"就从这里来，形容书法笔势飘逸，但有的时候过度飘逸，就变成形容字迹潦草的意思了。

"天目山垂两乳长，龙飞凤舞到钱塘"，这两句诗表达了天目山奔放的气势，峰峦起伏，蜿蜒到钱塘江。所以"龙飞凤舞"，也可以形容山势蜿蜒起伏，气势磅礴。

■ 攀龙附凤

汉代的扬雄在他的著作《法言》里写了对颜渊、闵子骞的评论。他说，孔子的再传弟子现在大部分都已经不为人所知，那为什么颜渊、闵子骞却不然呢？那是因为他们依附着孔子，就有如"攀龙鳞，附凤翼"，乘风而上，其他的人都跟不上了。因为有孔子的盛名，世人才认识他们，不至于默默无闻。"攀龙附凤"本来说的是依附有声望的人，并没有不好的意思，可是后来大多用作贬义，比喻为了地位的晋升去巴结权贵。

鹤

汉字源流

| 甲骨文 | 金文 | 战国文字 | 篆文 | 隶书 | 楷书 |

此字始见于篆文。形构从鸟，表示与鸟类相关；隹声，表示音读。隶书变体省作𪆰，楷书作鹤。在六书中属于形声。

本义为鸟名。头小，颈、嘴和腿都很长，翼大善飞，羽毛白色或灰色。生活在水边。种类很多，有丹顶鹤、白鹤、灰鹤等。成语如"鹤立鸡群""风声鹤唳"。因其羽毛为白色，也被用来形容白色的事物，如"鹤发童颜"。也假借为姓。

■ 杳如黄鹤

任昉是南朝时人，他曾经写了一本《述异记》，记载神仙志怪这一类的事情。书里记载了一个叫荀瓖的人，有一天他在黄鹤楼休息，看到西南边的天空中有个什么东西慢慢地飞了过来，等到靠近一看，原来是一个驾着鹤的仙人。仙人就这样飞到了楼中，荀瓖立刻上去招待这名仙人。两个人一起把酒言欢。后来，仙人要离去了，就再次跨上鹤，腾空而起，飞走了，消失在远方。唐代诗人崔颢就作了一首《黄鹤楼》："昔人已乘黄鹤去，此地空余黄鹤楼。黄鹤一去不复返，白云千载空悠悠。"写的就是当年乘着黄鹤而去的仙人，再也没有回来，只留下这座黄鹤楼和悠悠白云。这个故事变成成语"杳如黄鹤"，比喻一去不返，无影无踪。

■ 风声鹤唳

前秦苻坚野心勃勃，一直想要征服中原。东晋孝武帝太元八年（383），他率领八十万大军逼临淝水，准备攻打东晋。东晋也派出大将谢玄、谢石来应战，可是他们只带了八万精兵，双方兵力悬殊。谢玄也知道苻坚实力雄厚，正面迎敌的话一定会吃亏，不如采取奇袭战术，以弥补兵力的不足。由于当时前秦军队的士兵紧逼着淝水的西岸，晋兵过不了河，只能在河岸对峙，谢玄就要求苻坚的军队往后移，好让晋兵登上岸，两军一决胜负。苻坚自恃兵多，不疑有他，就答应军队后退。没想到这一退，就失去了控制，军队士气低落，阵势大乱。晋军就趁机渡过淝水，发起猛烈的攻势，又派人大叫"秦兵败了"，扰乱军心。士兵信以为真，丢了武器连夜逃跑。在一片混乱当中，苻坚中箭受伤，苻坚的弟弟苻融战死。那些逃跑的士兵沿途只要听到风声、鹤的鸣叫声就以为是晋军来了。前秦军队彻底溃败。这是历史上著名的"淝水之战"。战况中的情境"风声鹤唳"，形容人们惊慌害怕。

■ 鹤立鸡群

嵇绍是"竹林七贤"之一的嵇康的儿子。晋惠帝即位，有一次都城动乱，嵇绍跟着惠帝去平乱，随行的官员死伤惨重，只有嵇绍不顾个人生死，保护惠帝，最后中箭身亡，鲜血溅到了惠帝的龙袍上。乱事平定以后，有随从想要清洗龙袍上的血迹，但是惠帝为了感念嵇绍，坚持留下血迹以示纪念。

根据记载，在嵇绍刚到洛阳的时候，就有人说过："在人群中看到嵇绍，就像是一只野鹤站在鸡群当中，非常突出。""鹤立鸡群"就从这里演变而来，形容人的仪表出众、才能卓越非凡。

方位篇

東
西
南

东西

汉字源流

| 甲骨文 | 金文 | 战国文字 | 篆文 | 隶书 | 楷书 |

甲骨文、金文及战国文字，皆像橐中有物而以绳索束缚两端之形。其中橐腹的部分作⊕、⊡，形似"田"，中间横直交错，像橐袋的纹路；上下两端则为绳索束缚的样子，而与橐腹相结合，上下连笔类似"木"形，故篆文误以为该字乃"从日在木中"。隶书、楷书据篆文从木之形，将上笔变为横画而成"東"，已不易见出橐中有物之形了。在六书中属于独体象形。

本义为橐囊、袋子，假借为方位，与"西"相对，如"东方""东边"。由于古时主位在东，客位在西，所以由方位而引申称主人为"东"，如"房东""店东"。由主人而引申为请客出钱的人，如"做东""东道主"。也假借为姓。

汉字源流

| 甲骨文 | 金文 | 战国文字 | 篆文 | 隶书 | 楷书 |

甲骨文三例，外像鸟巢的边缘，内像枝条的纹路，都像鸟巢的样子，仅繁简不同而已，属象形。金文和战国文字等形也都和甲骨文相同，唯⿴是后世"西"字之所本。篆文作⿴，上像鸟，下像巢，仍属象形。隶书变体作西、西，显承战国文字⿴略变而来。楷书之形，沿自隶书以定体。以上诸形都据具体的实象造字。在六书中属于象形。古文卤、籀文卤，承自金文第三例而略异，都像鸟巢之形，属象形。

本义是鸟巢，但此义文献不见应用，而都为假借义，如"东、南、西、北""夕阳西下"，据此引申为向西走，如"鼓行而西"。借指为欧美各国，如"中西文化交流"，也借指欧美各国的，如"西哲""西学""西餐""西服"。假借为西边的，如"西岳""西域"。借指西欧的，如"西语"。也假借为姓。

西是太阳落下的一边，例如"西出阳关无故人""夕阳西下，玉兔东升"。西也指西天，例如"驾鹤西归""一命归西"。还可以借指西洋，例如"西医""西装革履""西学东渐"。另外，西也常跟"东"对举，可以表示"到处"或者"零散、没有次序"的意思，例如"东奔西走""东倒西歪"等。

■ 东施效颦

孔子周游列国，西行卫国时，颜渊就问鲁国太师此行的结果会如何，太师就说："时代不同，礼法也在改变，孔子虽然用心良苦，但以前许多制度现在已经不再适用。就像东施模仿西施一样。美女西施因为有心痛的毛病，常常捧心皱眉，同里的丑女看到以后觉得很美，也学她，可是乡里的人看到丑女这样，却都远远地躲开了。她只知道捧心皱眉很美，却不知道美的缘故。"后人就把这个丑女称为东施，和西施做对比。"东施效颦"比喻盲目地模仿他人却适得其反。

■ 声东击西

"声东击西"是一种战略。《淮南子》里就提到这种计谋，制造出要攻打东方的声势，以吸引对方的注意力，实际上却把主力集中在对手疏于防备的西方，进攻打击，出奇制胜。"声东击西"比喻虚张声势，以转移对方的注意力。

■ 东窗事发

秦桧设计陷害岳飞入狱后，正烦恼着该不该杀掉他，为此坐在家中东窗下，苦恼不已。他的妻子知道后和他说"擒虎易，放虎难"，要他把握机会。于是，秦桧当晚就将岳飞处死了。后来秦桧游览西湖，在船上看到岳飞的冤魂向他索命而死。妻子请来道士超度，道士在地府见到秦桧和另一位陷害岳飞的大臣万俟卨，两人身上都戴着铁枷在受苦。秦桧见到道士，请他转告妻子："我们在东窗下设计陷害岳飞的阴谋已被揭发了！""东窗事发"用来指阴谋诡计败露。

南北

汉字源流

甲骨文	金文	战国文字	篆文	隶书	楷书

从甲骨文到楷书,"南"字都是上半像悬挂的绳子,下半像钟形的敲击乐器。《说文》误为"从宋,羊声",不可从。在六书中属于象形。

本义为乐器名称。引申为乐曲名,如"胥鼓南"。假借为方位名称,指南方,如"南辕北辙""东南风""天南地北""南斗星"。也假借为姓。

另音 nā,为佛教用语,如"南无阿弥陀佛"。

汉字源流

| 甲骨文 | 金文 | 战国文字 | 篆文 | 隶书 | 楷书 |

甲骨文、金文、战国文字、篆文都像两人背对站立的样子，所以表示相互背离。𠃑字可正反书写，不影响其音和义，因此，在六书中属于同文会意。

本义为违背、背离。军队战败时，士卒与敌人相背而逃，所以引申为败逃、失败，如"败北"。假借为方位名，如"北方""漠北"。又引申为在北方或来自北方，如"塞北""北风"。再引申为朝北的方向，如"北上""北征"。也假借为姓。

在古代，方位常有特别的文化意涵，比如东是主位，西是客位。而南和北，就是君臣关系了。我们说南面称王，北面称臣，因为古代君王听政之位居于北边，"坐北朝南为尊"，面向南方，这样的安排，来自生活经验以及五行八卦之说，最早可见于《周易》。

"东"和"西"常常一起使用。北和南在成语里头也常常被镶嵌使用，例如"南来北往""天南地北""南征北讨"。

■ 南辕北辙

战国时期，魏国安厘王想出兵攻打赵国首都邯郸。臣子季梁从旅途中折返，回去劝阻。一回到魏国，季梁就赶去见安厘王，告诉他说："我在路上遇到一个人，他要去楚国，却驾车往北方走。我就奇怪了，问他说你要去南方的楚国，怎么会往北边走呢？结果他回答说，他有很快的马、很多的旅费、很好的马夫，所以绝对可以到达目的地。但实际上因为他是往相反的方向走，马越快、旅费越多、马夫越好，反而使他离楚国越远。今天，大王您想成就霸王之业，取信于天下诸侯，所以依仗着强大的军力去攻打赵国，想扩充领地，提高声望，可是，这样的举动越多，其实越失信于天下，离成就霸业的心愿也就越远。"南辕北辙"用来比喻志向和行为背道而驰。

■ 南柯一梦

　　唐代的传奇小说《南柯太守传》里提到一个叫淳于棼的人和朋友喝醉了，两个朋友送他回家，突然又有两个紫衣使者来接他，带他去大槐安国，他被国王招为驸马，当了南柯郡太守，享尽荣华富贵，子女们也都有很好的发展和归宿。后来公主因病过世，他罢去南柯郡太守的职位，回到国都。国王察觉他闷闷不乐，让他回家乡探望亲人。回到家，他发现自己竟仍旧睡在东厢房。从梦中清醒过来后，看到之前送他回来的两个朋友正在洗脚，太阳还没有下山，喝剩的酒也还放在东窗下，一切都没有改变。没想到才做一会儿梦却好像经历了一辈子。挖开树下的蚂蚁穴，穴中布置竟与梦里所见的大槐安国一样。他从这个梦领悟到荣华富贵的虚浮，从此一心向道。"南柯一梦"用来比喻一场空欢喜或人生如梦。

内外

汉字源流

| 甲骨文 | 金文 | 战国文字 | 篆文 | 隶书 | 楷书 |

甲骨文字形从冂，入声。从冂，表示进入某一范围内；入声，声兼义，表示进入。从冂、入声，表示从外面进入到某一范围内。金文从宀、入声，表示进入屋内。战国文字字形从宀、入声（加一横线饰笔），承金文字形而来。篆文从冂、入声，冂字本义为国家最偏远的疆界，此指某一范围内。隶书、楷书皆承篆文而来。在六书中属于形声。

本义是里面，如"一室之内""国内""四海之内皆兄弟""内情"。引申指内心、内脏，如"五内俱焚""内疚"。引申为寝室、房间，如"家有一堂二内"。再引申为帝王所居之处、皇宫，如"内宫""宫廷大内""西宫南内多秋草""内侍"。引申指妻妾，如"惧内""内人"。又引申指妻家的亲属，如"内兄""内侄"。引申为亲近，如《易经·泰卦》："内君子而外小人，君子道长，小人道消也。"也假借为姓。

外

汉字源流

甲骨文	金文	战国文字	篆文	隶书	楷书
卜	外	外	外	外	外
	外		外		

甲骨文"外"与"卜"同形，当与卜问有关。金文则从月、从卜，"月"或作"夕"，金文中"月""夕"意思相同。"夕"为黄昏，表示夜晚，所以"夕""卜"是指夜晚卜问。战国之后，取从夕、从卜的字形而不再改变。《说文》中又收有�，与篆文无别，只是笔势稍做变化而已。在六书中属于异文会意。

一般卜问都在白天，而"外"则是于夜晚进行，有别于平常，所以"外"的本义是指例外。引申为非正式的，如"号外""外史"。引申为别的、其他的，如"外快""外加"。引申指不属于某个范围之内，相对于"内"而言，如"门外""国外"。也引申为非自己所在的或所属的，如"外地""出外"。又引申为称母亲、妻子、姐妹及女儿方面的亲属，如"外孙""外公"。由不属于也引申指外国，如"外文""崇洋媚外"。

■ 世外桃源

陶渊明所写的《桃花源记》叙述了一个渔夫捕鱼时忽然到了一个开满桃花、景色非常优美的地方。渔夫钻过山洞，进入一座村子。渔夫在桃花源住了几天，回到武陵，又带人来找，但是再也找不到了。"世外桃源"用来比喻风景优美而人迹罕至的地方，也用于比喻心目中理想的世界。

■ 色厉内荏

《论语》里，孔子说："有些人外表非常严厉，内心却十分怯懦，若拿小人来作比喻，就像是翻墙、挖壁进入别人家里的盗贼。"在孔子眼中,"色厉内荏"说的是表里不一的人。盗贼在人前装作光明正大,但心里就怕被人拆穿。"色厉内荏"被用来形容人外表严厉而内心怯懦。

■ 节外生枝

"节外生枝"的"节"是指植物枝干分段的地方。一棵树除主干外,分歧的枝芽都是从"节"的地方生出。古人观察了这种自然现象,用"节外生枝"来比喻事外复生事端。

前

汉字源流

| 甲骨文 | 金文 | 战国文字 | 篆文 | 隶书 | 楷书 |

前，从刀，歬声。在六书中属于形声。甲骨文从止在凡（盘）中，表示在盘中洗脚。有的添加水点，有的则省去水点，后来用"湔"字来表示洗涤义。甲骨文字往往添加"彳""行"，表示前进之义。在古代"凡""舟"字形相近，容易讹写。

前进的"前"本字作"歬"，不加"刂"，所以《说文·止部》曰："歬，不行而进谓之前。从止在舟上。"从止代表人脚，从舟代表渡船，人脚站立在船上，人虽然不走路，但船朝前行进，人就跟着前进，正表示"乘船前进"的含义。在六书中属于异文会意。但从战国文字起，"歬"字已增加刀旁，写成从刀、歬声的"前"，所从"止"形并已隶变作两点一横的"䒑"，"舟"形也讹变成"月"。

《说文·刀部》曰："前，齐断（剪断）也。""前"是"剪"的本字，本义是将某物剪断，后因假借为歬后的"歬"，于是又在"前"下添加刀旁，转注为从刀、前声的"剪"字，在六书中属于形声。

本义是剪断。假借为向前行进，如"前进""畏缩不前""勇往直前"。引申为正面，与"后"相对，如"眼前""窗前""瞻前顾后"。引申为排列次序在前的，如"前项""前言""名列前茅"。引申为时间顺序在前，如"前功尽弃""前车之鉴"（比喻今后足以引为鉴戒的往事）。引申为过去的，如"从前""前些日子""前尘往事"。引申为未来的，如"前途""前瞻性""前程万里"。引申为前任的，如"前妻"。引申为先进，如"前辈"。也假借为姓。

■ 史无前例

南朝的齐太祖萧道成在位时,有两个贤能的人才,一位是陆慧晓,他为人清高正直,不随意与人结交;另一位是谢朓,他十岁时就能写文章,有一挥而就的文才。有一次,竟陵王萧子良就问臣下王融:"我们府上所拥有的两位辅佐人才,过去有谁可以相比拟?"王融回答:"同时有两个这么杰出的人才,这样的事情,是以前所没有的。""史无前例"这个成语用来指以往从来没发生过。

■ 名列前茅

春秋时期,晋国派兵援救被楚国攻打的郑国,但是抵达之前郑国就已投降了。晋国统帅决定班师回朝,因为现在楚国的刑罚、政令、礼仪等制度都周全完善,根本无法匹敌。楚国的军队,纪律更是严明,行军时,右军紧随主将备战,左军割草以备休息之用。前茅,也就是最前端的哨兵,负责侦察敌情,中军制定谋略,后军则十分精良,整个部队实力雄厚,难以抗衡。古代作战的时候,前锋部队以茅草作为识别标志,一旦侦察到敌方位置就举起来,告知后方军队,所以用"前茅"来称呼负责侦察的前军。后来这个"前茅"引申为排名在前,"名列前茅"就用来比喻成绩优异,名次排在前面。

■ 空前绝后

东汉的张芝是一位书法家,他勤练书法,从不择纸笔,甚至于可以拿家里的日常用品模拟写字。平常他会对着铜镜执笔,纠正自己的姿势。为了方便练字，他又在家门前挖了一个大池塘，写完后在池子里面清洗毛笔、砚台，年复一年，池塘的清水竟然全被染黑，称为"墨池"。张芝的天赋加上后天努力，让他获得了"草圣"的美誉。当时人们珍惜张芝的墨宝，到了寸纸不遗的地步。三国时的韦诞更称赞张芝的书法成就是"超前绝后，独步无双"。后来演变成"空前绝后"这个成语，比喻超越古今，无与伦比。

后

汉字源流

甲骨文　　金文　　战国文字　　篆文　　隶书　　楷书

甲骨文字形从彳、从幺、从夂。"彳"是"行"字的省形，义为道路，引申为行走、前进；"幺"为人之胚胎，引申为幼小、轻微的意思；"夂"为行走缓慢，引申与"彳"同义。三者相合，可表示迟缓之义。金文、战国文字、篆文或与甲骨文同从"彳"，亦有改从"辵"旁，《说文》则以从"辵"之形为古文。隶书与楷书皆取从"彳"之形。在六书中属于异文会意。

本义为时间较迟或较晚，与"先""前"相对，如"后来""前因后果"。引申为在空间、位置与"前"相对的，如"幕后""后方"。引申为次序、位置近末尾的，如"后排"。引申为晚辈、子孙，如"有后""名门之后"。也假借为姓。

■ 后来居上

汉武帝在位时，有位叫汲黯的大臣，个性刚强，有不满的地方就对皇帝直言劝谏，毫不隐藏。汉武帝一直不太喜欢他。其他原本在汲黯之下的小官因为懂得讨皇帝的欢心，仕途平步青云，汲黯却迟迟无法晋升。因此他心生不满，见到汉武帝就说："皇上您用人有如堆柴薪，后来的反而在上面。"这是抱怨汉武帝用人没有先后次序。"后来居上"就被用来形容后来的人或事物超越原来的领先者。

■ 瞻前顾后

屈原被楚怀王疏远，贬谪到边疆后，还挂念国事，写了《离骚》表明忠君爱国之心。其中有段写到为君者应有的德行，商汤、大禹、周文王、周武王等贤君，做事恭敬，依循正道，方使天下太平。屈原因此下结论说，为政者要"瞻前而顾后兮"，要能兼顾前后，做事周密，看清人民的需要。"瞻前顾后"就演变为成语，说的是如果只顾看前观后，往往会忘了采取行动，形容犹豫不决、顾虑太多。

■ 后起之秀

王忱是东晋的才子，年轻时已享有盛名。他的舅父是当时有名的学者，经常会有一些知名人士来拜访他。有一次，王忱到舅父家，正好遇到张玄。张玄学问渊博，舅父觉得两人都是一时俊彦，想介绍他们认识，就请他们彼此交谈。可是张玄觉得自己年纪稍长，就没有先向王忱开口，王忱见张玄不愿先开口，自己也不说话。两人沉默地对坐了很久，最后张玄很失望，就离去了。舅父见到这种情形，便问王忱："张玄是个很有才华的人，怎么不跟他聊聊呢？"王忱回答道："如果他真的想要认识我，他可以先开口跟我说话啊！"舅父听了，就称赞："才智抱负那么高，真是后来之秀啊！""后起之秀"这个成语用来称誉后辈中的优秀人物。

■ 瞠乎其后

《庄子》载，颜渊有次请教孔子说："夫子走的时候，我跟着走；夫子快走，我也快走；夫子快跑的时候，我也跟着快跑。可是夫子奔走太快的时候，我却只能在后面瞠大眼睛遥望着。"他一直想不通，为什么长期跟着孔子学习，某些地方却无法模仿,也无法跟上他的脚步。孔子不需要说什么,众人自然就信服。孔子解释说这一切都是因为虚心地顺应自然万物的变化,遵循着既有的自然规律。后来"瞠乎其后"这个成语就从这里演变而出,用来比喻落后很多,追赶不上。

上

汉字源流

| 甲骨文 | 金文 | 战国文字 | 篆文 | 隶书 | 楷书 |

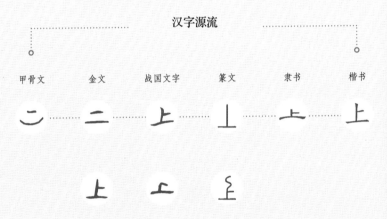

甲骨文作二，⏗示地面，一示在地面之上。金文二例，前例承自甲骨文；后例略有变易，以卜示在地面之上。战国文字二例，前例承自金文第二例；后例略作变易，以⏗示在地面之上。篆文二例，前例以丨示在地面之上，后例以⏗示在地面之上。楷书承自篆文或隶书而定体。在六书中属于指事。

本义为高处，与"下"相对，如"山上""地上"。引申为次序在前的，如"上卷""上册"。引申为帝王，如"今上"。引申为质量优良的，如"上品""上好"。引申为登高，如"上山""上坡""上台"。引申为呈递，如"上书""上奏"。也假借为姓。

另音 shǎng，假借为汉语调类之名，如"平声上声"。

扶摇直上

庄子著名的"逍遥"观主张人应该超越世俗价值，不计较是非、大小等相对判断，抛弃种种人为的束缚才能放任自得。在《逍遥游》里，庄子说北海有一种鲲鱼，大得不得了，可以变化成大鹏鸟，飞起来时，张开的翅膀就像天边的云，扶摇盘旋而上，高达九万里。但是它得等到每年六月，风力最大的时候才飞得起来。浮游在空气中的尘埃虽然小，但任何生物都能用气息把它们吹起来；鹏鸟虽然大，却需要长期等待，可知两者其实并无不同。原文中，大鹏鸟"抟扶摇而上者九万里"，后来演变成"扶摇直上"这个成语，比喻快速上升，也用来比喻仕途得意。

■ 作壁上观

《史记·项羽本纪》载,秦朝末年,民不聊生,六国遗民纷纷起兵抗暴,自立为王。有一次,秦国将领带兵攻打赵国,楚国和其他诸侯国都出兵救援。楚国的上将军认为应该先观望两国相斗,视结果决定作战方式,当时还是他部下的项羽,认为如果秦国攻占了赵国,势力只会更大,更难攻破,于是就杀了上将军,接着派大军救援。其他的诸侯国虽然攻下了一些营垒,却没有继续攻击,只站在自己的营垒上,冷眼旁观秦、楚交战,看项羽一路杀进秦军阵营。"作壁上观"这个成语就是从这里演变而来,比喻坐观成败,不帮助任何一方。

■ 逼上梁山

这是《水浒传》中的典故。东京八十万禁军教头林冲的妻子被太尉高俅的干儿子高衙内看上了。于是高衙内设计陷害林冲入狱,使一个美满家庭破碎,还两次派人取林冲性命,逼得林冲走投无路,只好上梁山,落草为寇。这个故事就叫作"逼上梁山",比喻被迫走上绝路,做出自己不想做或不应做的事。

■ 梁上君子

陈寔是东汉人,处事公正,是地方上的表率。有一天夜里,有窃贼潜入他家,躲在屋梁上,想趁机偷东西,陈寔发现了,却没有声张,只是召集子孙,态度严正地训诫道:"人要常常自我勉励,不可松懈。做坏事的人,不见得他本性就坏,只是平常对自己要求不严,又不知道学好,长久下来养成了坏习惯!

就好像屋梁上的那位君子一样。"窃贼一听，大惊失色，赶紧跳下来。陈寔对他说："你只是因为贫困才出此下策。""梁上君子"后被用来当作窃贼的代称。

下

汉字源流

甲骨文	金文	战国文字	篆文	隶书	楷书

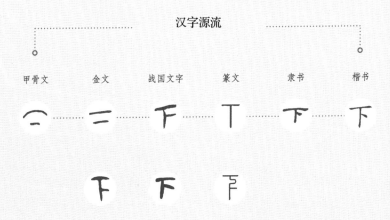

甲骨文作⌒，⌒示地面，一示在地面之下。金文二例，前例承自甲骨文；后例以卜示在地面之下。战国文字二例，承自金文第二例。篆文二例，前例以"丨"示在地面之下，后例以卜示在地面之下。隶书、楷书承自金文第二例而定体。在六书中属于指事。

本义为低处、底部，与"上"相对，如"山下""水下""楼下"。引申为次序在后面的，如"下卷""下册""下篇"。引申为等级低的，如"下级""下等"。引申为品质低劣的，如"下品""下驷""下贱"。引申为由高处往低处，如"下山""下坡""下楼"。引申为发布，如"下令"。引申为使用，如"下笔""下功夫"。

■ 吴下阿蒙

三国的吴将吕蒙，原本学识浅薄，没读过什么书。有一次，孙权就说他应该多增长一点学问。吕蒙后来下定决心苦读，果然学识精进。鲁肃本来有点轻视吕蒙，结果经过一番谈论，自己反倒显得见识不如吕蒙。鲁肃不禁用手拍着吕蒙的背，赞赏着说："我原本以为老弟只会带兵打仗，今日一谈，方才知道老弟学识渊博，已非当日那个粗汉子吴下阿蒙了！"吕蒙一听，立即说："这就叫士别三日，应当刮目相看了！""吴下阿蒙"这个成语就是从这里来的，比喻学识浅陋的人。

■ 下里巴人

《下里》《巴人》本是战国时期楚国的民间通俗歌曲。战国时，楚襄王因为一些流言而对宋玉有些误会，宋玉就讲了一个故事。有一个歌者来到市集,如果唱通俗的音乐,唱和者就很多,可是如果改唱《阳春》《白雪》这种高妙艰难的曲子,就没有人可以跟着唱了。那些排挤中伤宋玉的人就像是"下里巴人",无法了解宋玉高雅如"阳春白雪"的为人。后来"下里巴人"就用来泛指通俗的文学艺术。

屋下架屋

《扬都赋》是东晋时人庾阐所作。他写完以后拿给庾亮看,因为二人同宗,庾亮就大力推荐,说它足以和《二京赋》《三都赋》并列。一时之间,人人竞相抄写。可是谢安看了就批评说:"此是屋下架屋耳。"《扬都赋》不过是重复模仿别人的作品而已,了无新意。后来"屋下架屋"就用来比喻重复模仿,没有创新。

中

汉字源流

甲骨文	金文	战国文字	篆文	隶书	楷书

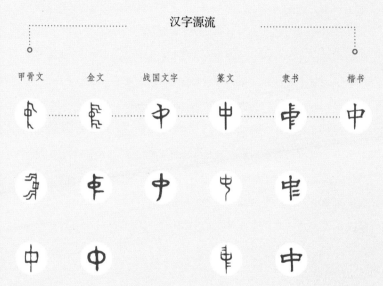

甲骨文三例，初例作𰻞，像旗之形，竖笔像旗杆；二例作𝌐；三例作中，乃𝌐之省，从矢、从〇会意。〇乃圜之初文，以射中为本义。经传将𰻞、𝌐混为一字，实应分别为二字。金文三例，初例承自甲骨文第二例，第二例承自甲骨文第一例，第三例承自甲骨文第三例。战国文字二例，承自金文第三例，乃𝌐之省。篆文承自战国文字。籀文承自金文二例而旗游略有变动。隶书前例承自金文初例，第二例承自金文首例而省，第三例承自篆文。楷书承自隶书第三例而合为一字。在六书中属于象形。

本义为中央之旗，古代外廷必竖中旗，因以为名。引申为与四方或两端距离相等的位置，如"中心""中央"。引申指某一时间、空间当中，如"天空中""年中"。引申指位居大小、高低、好坏之间，如"中等""中型"。作为中国的简称，如"中西合璧"。也假借为姓。

另音 zhòng，假借为符合原则，如"中规中矩"。假借为感染，如"中毒""中暑"。还有获得的意思，如"中奖"。

■ 中流砥柱

大禹治水时，一座山挡住了水道，河水流到这里就分流而过，像巨大的柱子，屹立于急流之中，所以取名为砥柱。"中流砥柱"这个成语，比喻能担当重任支撑大局的人。

■ 秀外慧中

韩愈在《送李愿归盘谷序》里提到了三种人的行为和处世态度。其中一类是声名赫赫的显贵，他们受天子宠信，在外为官风光，居家美人为伴。这些人生活骄奢，受尽奉承，且身边美女如云。这些女子成日无所事事，就只为博取主人怜爱。她们声音好听，体态迷人，"秀外而惠中"。"秀外慧中"就从这里来的，形容女子容貌清秀，内心聪慧。

■ 外强中干

春秋时期，秦晋两国交战，晋惠公亲自上阵。他选了别国进献的小马驾车，朝中大臣劝说道："凡是遇到战争这种大事，自古都用本国的马匹，因为马和人生在同一片水土，知道主人的心意，随便怎么引导，它都会遵从。如今选用别国的马，它们一害怕，就会狂乱烦躁，血管膨胀，青筋暴露。虽然从外表看起来它们很强壮，内在却已经衰竭了。这时叫马做什么，它们都不肯了。那时候您一定会后悔的。"晋惠公不听，后来车马陷在泥泞里动弹不得，被秦人俘虏。"外强中干"就从这里来的，形容看起来充实强盛，其实空虚衰弱。

■ 金玉其外，败絮其中

明代刘基（刘伯温）在《卖柑者言》中说："金玉其外，败絮其中。"这说的是卖橘子的人所卖的橘子，外表看起来像金玉一样漂亮，掰开来一看里面却干得像破棉絮。当朝官员也是如此，陷百姓于水火之中，他自己却享尽富贵荣华，欺世盗名。"金玉其外，败絮其中"用来指外表美好，可是内里却是破败的。

体貌篇

骨 — 皮 — 膚

骨

汉字源流

| 甲骨文 | 金文 | 战国文字 | 篆文 | 隶书 | 楷书 |

甲骨文三例，均像人骨的样子，仅繁简不同而已，属象形。战国文字第一例，上像骨形，下增"肉"为形，以示为"人骨"；第二例和第一例相同，仅在骨内增添纹路，更像骨形。篆文骨即承此形而来，由象形演变成从肉，冎声，而声符表义。隶书承自篆文之形，仅骨纹不同而已，不影响其音、义。楷书之形又贴近篆文之形。自战国文字以下诸形，都以肉为形，以冎为声。在六书中属于形声。

音读gǔ，本义是人骨，引申为一切骨头。引申为身体，如"骨瘦如柴"。引申为体力，如"骨弱筋柔"。引申为体格、状貌，如"备此数家骨相以为法"（《后汉书·马援列传》）。引申为用兽骨制成的，如"骨镞""骨牌"。引申为品格，如"风骨"。比喻为深刻处，如"贬官厌路，谚曰到骨"（唐·杜甫《祭故相国清河房公文》）。比喻为刚毅正直，如"骨直以立"。比喻为文辞的体干，如"沉吟铺辞，莫先于骨"（南朝梁·刘勰《文心雕龙·风骨篇》）。比喻为气势，如"真骨凌霜"（南朝齐·钟嵘《诗品》）。比拟像骨形的东西，如"伞骨"。也假借为姓。

另音gū，形容滚动，如"骨碌"。形容未开的花朵，如"骨朵儿"。

■ 毛骨悚然

宋朝的志怪小说《夷坚志》记载了很多奇闻怪事。其中一则是说兴祖和娄虞是好朋友，可是娄虞因病过世了。有一天，兴祖就梦到娄虞来拜访他。两个人一起到了一间大官府的厅堂，娄虞跟兴祖说："这里就是你处理公事的地方。"过了一会儿，还有个小孩走出来，拉着兴祖的衣服。娄虞说："你的小孩之前已经先来了。"兴祖一看，竟然是自己几年以前夭折的孩子。这个时候娄虞又说："你先回去，过几天我再去接你。"兴祖突然醒过来，隔天他就把这个梦跟朋友们说了，大家都觉得是不好的预兆。不久，兴祖有事要外出，经过娄虞家门前的时候，竟然全身从里到外感到寒冷害怕，"毛骨凛然俱悚"，结果就因此生了病。三天之后就死了。"毛骨悚然"，形容非常害怕。

■ 刻骨铭心

李白在外游历的时候，曾经写了一封信给李长史，希望能被赏识和任用，这就是《上安州李长史书》。李白在这之前曾经得罪过对方，但是李长史原谅了他，所以在信里，李白引用了《世说新语》里的故事，说晋代的王承担任太守时，有个人因为在老师家里读书读得太晚，回家犯了宵禁。王承说："惩罚勤学的人来立威，恐怕不是治理的好方法。"于是，王承就派了人送他回家。李白用这个故事来赞扬李长史的宽宏大量，而且说自己会把李长史的恩德刻在骨头上，记在心头上："深荷王公之德，铭刻心骨。""刻骨铭心"形容感受深刻，难以忘怀。

■ 骨瘦如柴

"变文"是唐代兴起的一种讲唱文学，内容大多是说佛经故事，或者民间传说、历史故事。《维摩诘经讲经文》是根据《维摩诘经》敷衍而成的一篇变文。有时候几十个字的经文就能铺陈成几千字的故事。在《维摩诘经讲经文》里，写到维摩诘居士生病了，佛陀派了文殊菩萨前去慰问他的病情。维摩诘居士在还没有生病之前，神情威猛得就像老虎一样，可是生了病以后，整个人都瘦下来，露出了骨架，像木柴一样——"旧日神情威似虎，今来体骨瘦如柴"。"骨瘦如柴"是形容人非常消瘦的样子。

■ 脱胎换骨

"脱胎换骨"是道家的修炼方法。"脱胎"是修道成仙，脱去凡胎；"换骨"是换掉俗骨，变成仙骨。唐朝的吕洞宾曾经写了一首《寄白龙洞刘道人》，里面有两句："十月脱胎吞入口，忽觉凡身已有灵。"诗的大意是说，要得道成仙，不必去山里找长生不老药，只要炼丹即可。经过十月精炼，服下丹药，就能脱去凡身，转成仙胎。他又在《七言》中写道："先生去后身须老，乞与贫儒换骨丹。"他希望能够得到金丹，换掉俗骨，得道成仙。后来凡是人的身心能脱去旧有的格局，达到更好的境界，都可以称为"脱胎换骨"。

皮

汉字源流

甲骨文　　金文　　战国文字　　篆文　　隶书　　楷书

甲骨文作𠬝，金文作𠬛。卜是"革"字的省形，音、义和"革"相同，像兽皮在架上张列待干的样子；又是右手，在此引申作剥取解。革、又都属象形，相合成皮，且皮和构成它的"革""又"没有表音关系，所以在六书中属于异文会意。战国文字三例，和金文相仿，承自金文应无问题。篆文形变作𠬠，即𠂇是"革"字的省形，其上像兽头的分割和剥下的兽皮，下像张开兽革的架子，又则维持原形，没有改变。因此，仍属异文会意。字经隶书，体变作皮，楷书沿之，也就不易了解其原形了。

本义是未经除毛的兽皮，即没毛的为革，有毛的为皮，如"虎皮"。引申为无毛的兽皮，如"蛇皮""鱼皮"。引申为人皮，如"皮开肉绽""皮笑肉不笑"。引申为兽皮制成的，如"皮袍子"。引申为事物的外层，如"树皮""地皮"。引申为小孩淘气、好动，如"调皮""顽皮"。也假借为姓。

■ 鸡皮鹤发

庾信是南北朝时期著名的文学家，擅长骈文、骈赋还有诗歌，其作品既有萧瑟、哀戚的味道，也有雄浑豪迈的气息，可以说是南北朝文学的集大成者。他曾经写了一篇《竹杖赋》，提到年老的楚丘先生，来拜访东晋的权臣桓温。桓温看到他，就用"鹤发鸡皮，蓬头历齿"来形容楚丘先生的外表，就是说他的头发又白又乱，皮肤粗糙松弛，牙齿也几乎快掉光，已经非常老了。

唐玄宗写的诗《傀儡吟》也可以看到这样的用法。诗里写道："刻木牵丝作老翁，鸡皮鹤发与真同。"唐玄宗用"鸡皮鹤发"

来形容傀儡戏偶的样子，栩栩如生，就跟真的老人一样。"鸡皮鹤发"这个成语是用来形容老人家的模样。

■ 与虎谋皮

春秋时期，鲁定公在位时孔子曾经被任命为中都宰。他的事情办得不错，绩效卓越，所以一年之后，鲁定公就想请孔子去做司徒。他把这件事告诉了太史左丘明（《左传》的作者）。鲁定公说："我想请孔丘担任司徒一职，不过，我想要先问问三桓的意见。"这里的"三桓"指的就是鲁桓公的三个孙子。当时鲁国的政治实权其实掌握在"三桓"手里，不巧的是，他们的政治主张跟孔子是对立的。左丘明知道他们一定不会答应让孔子担任司徒，所以就用了一个寓言故事来劝鲁定公。

他说："周朝的时候，有个人很喜欢皮大衣，也喜欢吃各种山珍海味。他想要做一件价值千金的皮衣，还想办一场有羊肉大餐的盛宴，就跑去跟狐狸还有羊商量，希望它们可以提供狐皮跟羊肉。这话都还没有说完，所有的狐狸跟羊都跑光了。这个人花了十年，一件皮衣都没做出来，也根本办不了宴会。这都是因为他找错商量对象了。"鲁定公听完，马上就明白如果他去跟"三桓"商量这件事情不会有好结果，所以就直接任命孔子为司徒。

寓言故事里的人"欲为千金之裘而与狐谋其皮"，其实是跟有利益冲突的对象商量事情，肯定不会成功。后来在流传的时候，讹变成"与虎谋皮"。也可以指向坏人要东西，索取利益，那是绝对不可能的。

肤

汉字源流

| 甲骨文 | 金文 | 战国文字 | 篆文 | 隶书 | 楷书 |

金文上像"虍",下像"肉"。战国文字一个与金文相近,另一个则有变化,与《说文》所录籀文相似。篆文从肉,卢声。从"肉"表示与人体有关,"卢"则表示音读。在六书中属于形声。隶书、楷书承自金文、战国文字、籀文,不从篆文。

本义为覆盖人体全身的表皮,如"皮肤""肌肤""体无完肤""肤如凝脂"(《诗经·卫风·硕人》)。也指树皮或果皮,如"青肤""肤果"。引申为表面的、浅薄的,如"肤浅"。引申为大,如"肤功"。假借为美,如"公孙硕肤"(《诗经·豳风·狼跋》)。古代假借为量词,作计算长度的单位,一指宽为寸,四指宽为肤,如"肤寸"。

■ 体无完肤

三国时期即将结束时,曹魏的钟会被任命为镇西将军攻打蜀国,可是却被蜀国的姜维给牵制住了,僵持很久都攻不下来,钟会因此萌生退兵的念头。可是魏国的另外一位大将邓艾却趁机率军向南,深入蜀地,不但打败了蜀国的军队,还一路逼近成都。刘禅知道人势已去,就投降了。邓艾成功地率军进入成都,蜀汉灭亡。

邓艾奇袭有功,可是他因此骄傲起来,不但擅自任命手下的将领,还册封刘禅当骠骑将军,把蜀国的旧臣一一任命为朝廷官员,或者收为自己的下属。邓艾立下大功却不自重,居功自傲,也就让人有机可乘,给了钟会毁谤他的凭据。邓艾因此受到司马昭的猜忌。后来,他在跟司马昭商量灭吴之策时意见不同，钟会、师纂这些人就借机向司马昭诬告邓艾谋反，邓艾父子被下诏逮捕。钟会负责从成都把他们押到京师去受审。可是，钟会手下的军队有二十多万，想要密谋造反的人就是他自己。但他的野心早就被司马昭看穿了，对方已经有所防备，派了军队去讨伐钟会。两军激战，钟会被杀，由卫瓘接管蜀军。

钟会之乱本该到此结束，可是卫瓘此前曾跟钟会、师纂一起诬告邓艾，他担心事情败露，就派人去杀了邓艾父子，连师纂也一起杀了。这个师纂，因为个性急躁，为人刻薄又不厚道，想来也是常常得罪人，所以死的时候惨不忍睹，被折磨得连皮肤都没有一处是完好的："死之日体无完皮。"这句话后来演变成"体无完肤"，形容受伤很严重，或者是被人批评得一无是处。

■ 切肤之痛

"切肤之痛"的"切"意思是靠近、接近，并不是切割，"切肤"则是很接近人的身体的意思，引申成事情跟自己密切相关。这其实是从《易经》来的。《易经》"剥卦"的内容是说"剥床以肤，凶"，解释为"剥床以肤，切近灾也"。这里的肤，不是皮肤，是用来比喻床面。听起来很复杂，其实整句话的意思是说这个床已经快坏掉了，已经剥落到床面，床面又是最接近人的身体的，所以也代表灾害接近了，是凶兆。"切肤之痛"就是从这里演变而出的，比喻亲身感受到的痛苦，而且很难忘记。

头

汉字源流

| 甲骨文 | 金文 | 战国文字 | 篆文 | 隶书 | 楷书 |

自金文至楷书，除战国文字第一例是上从页形、下从豆声，其余都是左从豆声、右从页形，不影响其音和义。从页为形，以示其义为人之首；从豆为声，用以表音。究其所以用豆表音，因豆是古食器，形作𠭇，似可比拟人头、项、肩之形。据此，则豆虽在此为音，也可比拟为人首之形，所以音可兼义。以上诸形，在六书中属于形声兼会意。

音读tóu，本义是人头，如"秃头"。引申为鸟兽虫鱼之头，如"鱼头""狗头""龙头"。引申为头发，如"剃头""梳头"。引申为始、初，如"起头""年头岁尾"。引申为最前的部分，如"头等舱""头条新闻""暮宿黑山头"（《木兰诗》）。引申为人群的领导者，如"工头"。引申为最高的，如"出人头地"。引申为面、边、处，如"一头宽、一头狭""两头不讨好"。引申为计算牲畜的单位，如"马、牛、羊、驴、骆驼七十余万头"。也假借为姓。

另音tou，词缀：（1）附着在名词性词根后面，构成表事物的复音名词，如"石头""木头""骨头"；（2）附着在某单音节方位词根后面，构成方位名词，如"上头""里头""后头"；（3）附着在动词性词根后面，构成抽象名词，如"念头""盼头"；（4）附着在形容词性词根后面，构成抽象名词，如"苦头""甜头""说话要有个准头"。

■ 当头棒喝

唐代的禅师临济义玄早年曾跟着黄檗禅师出家，他曾经三次向黄檗请教什么是佛法大意，结果三次都被棒打。他觉得自己可能不得要领，决定告辞。黄檗知道了，也没拦阻，指点他去请教另外一位大愚禅师。临济义玄跟大愚说了三次发问、三次被打的经过，然后就问："我是不是犯了什么错？"大愚回答："黄檗好心想帮你领悟佛法大意，你怎么反而在问自己有没有犯错呢？"临济义玄一听，当下就开悟了，后来创立了临济宗，就以"棒"跟"喝"的方式来启发弟子。这就是"当头棒喝"的由来，比喻让人马上醒悟的警示。

■ **出人头地**

北宋时，欧阳修担任当时科举考试的主考官。他阅卷时看到了考生的一篇文章，非常惊喜，觉得这篇文章的作者一定是难得的人才，想把他列为第一。可是当时考卷是弥封的，欧阳修不知道作者是谁，虽然很赞赏这篇文章，又觉得可能是自己的学生曾巩写的，为了避嫌就把这篇卷子列为第二名。没想到发榜以后，曾巩竟然是第一名，这第二名的考生是苏轼。欧阳修很欣赏苏轼的才气，还在给朋友的信里写道："读轼书，不觉汗出，快哉快哉！老夫当避路，放他出一头地也。"就是说苏轼的文章写得实在是太好了，应该让路，不要阻挡苏轼的前程，让他能超出自己的成就。"出人头地"这个成语就从这里演变而出，指超越他人，崭露头角。

■ **千头万绪**

曹操的儿子曹植在文学方面成就很高，很有才华。谢灵运就曾经说过："天下才共一石，子建独得八斗。""才高八斗"说的就是曹植。他的哥哥曹丕嫉妒他的才能，因而没有重用他。

曹植想为国家效力，常常上书给曹丕，希望能被重视。其中有一篇叫作《自试令》，说他受到诬蔑才被贬官，回到自己的属地后虽然安分守己，可是小人却还是百般刁难。他被身边的大小事搞得焦头烂额："机等吹毛求疵，千端万绪，然终无可言者。""千端万绪"就是曹植对自己处境的形容，后来变为成语"千头万绪"，意思是事情很多，头绪纷乱，难以处理。

■ 白头偕老

"凄凄复凄凄，嫁娶不须啼。愿得一心人，白头不相离。"这是乐府古辞《白头吟》里的句子。诗里写夫妻两个人本来相爱，可是后来丈夫变心，妻子就希望能重新找到一个真心相待的人，可以一起生活到老。

"宜言饮酒，与子偕老。琴瑟在御，莫不静好。"这句诗出自《诗经》，说的是一对夫妻，约定要相守到老。这两首诗的"白头"跟"偕老"后来变为成语"白头偕老"，形容夫妻恩爱到老。

面

汉字源流

| 甲骨文 | 金文 | 战国文字 | 篆文 | 隶书 | 楷书 |

甲骨文之𠚑，以局部之眼代表整体的五官，加以脸部的边缘，像脸孔的样子，形义契合。战国文字作𦠀，改以百代眼，百义为人头，更能显示脸孔的意思。篆文𡇅，承自战国文字之形。字经隶书，形变作面、靣，颇失其形。楷书沿隶书第二例以定体。以上诸形，自战国文字始，由成文的"百"加不成文的实象"囗"而成。在六书中属于合体象形。

本义是人的脸孔，如"人心不同，各自其面"。引申为事物的外表，如"表面""外面"。引申为方位、方向，如"四面楚歌""十面埋伏"。引申为朝向、对着，如"背山面水""面壁思过"。引申为情况，如"局面""场面"。引申为见，如"宾面，如觌币"(《仪礼·聘礼》)。假借为量词，用以计算扁平的物体，如"一面国旗""两面镜子"。也假借为姓。

■ 唾面自干

武则天的宰相娄师德，很有容人雅量。他的弟弟被任命为代州刺史，即将上任之前，娄师德就问他："我现在已经是宰相，你又要到代州当刺史，别人难免会心生嫉妒。所谓身体发肤受之父母，我们又要怎么保全自己呢？"弟弟说："以前有人对着我的脸吐口水，我没有说什么，只是默默地把口水抹掉。我以此自我勉励，希望可以免去兄长的忧虑。"没想到娄师德听了还是说："这就是我心里所担忧的。对你吐口水的人，一定已经对你很生气了，你又把口水擦掉，就表明你讨厌他的举动，这样只会更加深他的怒气。不如别擦它，让口水自己在脸上干掉，你笑着去承受这一切，不是更好吗？""唾面自干"，比喻逆来顺受，宽容忍让。

■ 人面桃花

某一年清明节，唐代诗人崔护到长安城游览，看到一座桃花盛开的农庄，他想要讨杯水来解渴，就上前去敲门。来应门的竟然是一位极为漂亮的女子。第二年清明节，崔护情不自禁地想要去寻访那位女子。可是，他旧地重游，桃花依旧，大门却深锁着，一个人影都没有。他心里很失望，就在门上题了"人面桃花相映红"的诗句。后来"人面桃花"就变为成语，除了形容女子容貌美丽，还可以用来指景色依旧，但是物是人非的感伤。

■ 网开一面

商朝的开国君主成汤是一位仁民爱物的君主。他看不过夏桀暴虐无道，天下人民饱受痛苦，于是起兵讨伐，建立了商朝。有一次，成汤看到一个猎人在布置陷阱。猎人很得意地说："不管是天上飞的、躲在地底下的或者在地面上奔跑的各种鸟兽，都会被我的网子抓住的。"成汤听了就说："你这样赶尽杀绝，不就跟暴虐的夏桀一样吗？"他命令猎人把网子的三面都收起来，只留下一面捕捉猎物。后来这个故事就变为成语"网开一面"，比喻宽大仁厚，对犯错的人从宽处置。

■ 面面俱到

清朝的梁章钜博览群书，他在著作《楹联丛话》里记载了很多名胜地点的楹联,还有历代巧对的妙联。书中提到关于文昌帝君的对联,以嘉庆年间的程恩泽所作的最好:"宇宙大文章,源从孝友;古今名将相,气作星辰。"气势恢宏,对仗工整,而且"面面俱到,无能出其右者"。"面面俱到"形容各方面都照顾到了。

眉

汉字源流

| 甲骨文 | 金文 | 战国文字 | 篆文 | 隶书 | 楷书 |

甲骨文字形从目，其上二竖像眉毛形。金文字形则于目上多加一横，仍为眉毛形。将金文一横向左讹变下垂，即为篆文字形之所本。隶书及楷书字形又将篆文之眉形讹变为 丆、尸，已难看出眉形的样子。在六书中属于合体象形。

眉，就是眉毛。例如"蛾眉""眉清目秀"。引申泛称上端为眉，例如"眉批""书眉"。也假借为姓。

■ 举案齐眉

东汉有个叫梁鸿的读书人，个性耿介，因为当时世道混乱，他不想侍奉权贵，就放弃了做官的机会。他娶了妻子孟光，两人移居到吴地去，依附在大户人家皋伯通的家里，受雇为人舂米。每次梁鸿做完了当天的工作，回到家里，妻子总是准备好食物，用盘子端到他面前，而且高举到跟眉毛切齐的位置，不平视丈夫，表现出了她对丈夫的敬爱。这样的举动让皋伯通觉得梁鸿的人品一定有其过人之处，绝非泛泛之辈，于是对他另眼相待。"举案齐眉"，比喻夫妻相敬如宾。

■ 燃眉之急

火烧到了眉毛，当然是非常紧急的事情，所以古人就常用"燃眉"或者是"烧眉"来比喻很急迫的情况，后来就变为成语"燃眉之急"。

宋神宗在位时，王安石提出了变法改革，其中有"青苗法"跟"助役法"。"青苗法"是在每年夏秋两收之前可以到当地的官府借贷现钱,用来补助耕作。"助役法"则是应该服差役的人,可以缴钱来免除差役。这些政策看起来很理想,可是实行后却造成了百姓的不便。

宋哲宗继位后以司马光为相。司马光想要改掉王安石变法留下来的"青苗法""助役法"。《文献通考》里面把司马光急着想要解除百姓困苦的作为说成是"革新法之病民者,如救眉燃",意思是革除这些新法对于人民造成的伤害就像是在救烧到眉毛的火一样。

佛教禅宗史书《五灯会元》里面提到,有个僧人曾经问:"该怎么样用一句话来形容事情的急切呢?"大师只回答了四个字:"火烧眉毛。"

明代的文人李开先为他妹妹写墓志铭,里面也提到,自从父亲过世以后,因为家境贫寒,他的母亲一年总有七八个月在乡下种田,所有家事都由他的妹妹一肩挑起。妹妹不但要操持家务,还要做针线活来补贴家用。有一天,他看到一个商人到家里来拿走一些手工精细的枕头套、绣花鞋。他本来以为是别人家的东西,后来妹妹解释说:"吾所手制;将鬻之以救燃眉之急。"原来这些都是妹妹亲手缝制的为自己准备的嫁妆,可是为了解决家里的"燃眉之急",只好拿出来变卖。

目

汉字源流

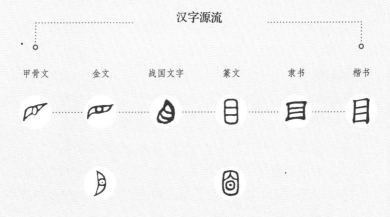

| 甲骨文 | 金文 | 战国文字 | 篆文 | 隶书 | 楷书 |

甲骨文、金文之目，外像眼眶，内像眼珠，正像人眼的样子。金文有一例以直立表现，是战国文字、篆文之形所本。隶书、楷书之形沿之，形体未变。篆文作㠯，外像眼眶，内像睫毛、眼珠、瞳孔，仍属象形。以上诸形都据具体的实象造字。在六书中属于象形。

本义是人眼。目和眼是古今字，即古曰目，今曰眼，如"双目失明"。引申为鸟兽虫鱼之眼，如"鱼目"。引申为看，如"一目了然""一目十行"。引申为注视，如"目不转睛""目不暇接"。引申为视野，如"欲穷千里目"。引申为首领，如"头目"。引申为事物的标题，如"书目"。引申为生物学分类的阶层，如"人属哺乳动物纲、灵长目的人科"。也假借为姓。

■ 目无全牛

庄子喜欢用寓言故事的形式来说明"道"。他用"庖丁解牛"来讲理想的人生观。庖丁帮梁惠王宰牛并分解牛的四肢跟骨肉时，不但动作优美，发出来的声音还像是音乐一样，梁惠王忍不住赞叹并问他："你是怎么办到的？"庖丁说，他现在所掌握的"道"已经比技巧还要更进一步。刚开始的时候，眼睛看到的无非就是一头牛，根本无从下手。过了三年才有所领悟，眼睛已经能够看到牛的筋骨结构。到了现在，已经可以不用眼睛看，只要运用精神感觉，就可以动刀了。"始臣之解牛之时，所见无非牛者。三年之后，未尝见全牛也。方今之时，臣以神遇而不以目视，官知止而神欲行。"庖丁循着牛自身的结构对筋骨之间的空隙动刀，再把刀子引向骨节的孔穴，牛就分解完成了。在这个过程当中，根本连经脉、骨头都不会伤到。"目无全牛"，比喻技艺纯熟高超。

■ 掩人耳目

北宋时，宋徽宗眼看国势衰微，又有臣子上奏说国家可能近期会有战争发生，因而他心里很烦恼。一旁的高俅、杨戬见徽宗烦闷，就建议徽宗要及时行乐。他们带着徽宗微服出游，到了金环巷，跟名妓李师师饮酒作乐。这件事传到了大臣曹辅耳里，他马上就劝谏徽宗不应该被奸臣蛊惑："下游民间之坊市，宿于娼馆，事迹显然，虽欲掩人之耳目，不可得也。"意思是说，皇上贵为天子竟然跑到市井民间游玩，还宠幸娼妓，睡在娼馆里。有这种举动，还想掩人耳目，实在不可能。"掩人耳目"这个成语就比喻欺骗、蒙蔽他人。

■ 目光如炬

南北朝时，宋国有位大将名叫檀道济。他战功卓越，几个儿子也都手握兵权，树大招风，难免引起皇帝跟大臣的猜忌。皇帝以商议国事为由，传他进宫，趁机把他抓捕入狱，还派人杀了他的家人跟亲信。檀道济在牢里，知道这次难逃死劫，"愤怒气盛，目光如炬"，又气又恨地咬牙大骂。这件事传出去之后，北魏人就谣传"道济已死，剩下的南方人都不足以畏惧了"，之后果然肆无忌惮地南侵。史书里对于他的形容——"目光如炬"就变为成语，说人愤怒时的眼光，后来也形容目光有神，或者说见识广博。

眼

汉字源流

| 甲骨文 | 金文 | 战国文字 | 篆文 | 隶书 | 楷书 |

此字始见于篆文。篆文、楷书字形皆从目，艮声。"目"为人眼，作为形符，表示义与双眼视物有关；"艮"为不听从、限止之义，于此仅作为不示义的声符，表示音读。在六书中属于形声。

本义为目，动物的视觉器官，如"眼睛""浓眉大眼"。引申为孔穴、洞孔，如"泉眼"。又引申为关键、要点，如"诗眼"。由孔穴而引申指下围棋时无棋子的空处，如"马眼""破眼"。又作为量词，计算眼睛看的次数的单位，如"多看两眼""瞪了一眼"。也假借为姓。

■ 眼高手低

"眼高手低"的"眼高"和"手低"分别出自不同的地方。在北宋一本集结了历代书法作品的《宣和书谱》里，有一段对于书法家钟离的介绍，说他"文身跣足，颀然而立，睥睨物表，真是眼高四海而游方之外者"。这段文字就是说他傲视一切，超脱于世俗之外。

眼高，是说一个人眼光很高；手低，则是指一个人能力差。明代的杂剧《郁轮袍》里写道："他直恁的手艺低，口气高，教人暗笑。"这句话是说一个人光会吹牛，但是技艺实在不太高明。

"眼高""手低"合起来用，就是说眼光虽然高，要求严格，可是执行能力却很差。用来批评别人眼光跟能力不相称。

■ 眉开眼笑

"眉开眼笑"说的是眉头舒展开来，眼睛也充满了笑意，用来形容很开心愉悦的样子。明朝冯梦龙写的《喻世明言》里就说一座庵里的尼姑贪财,恰好遇到有个人有事情要来请托,还拿了两锭白银当作酬谢,尼姑见了白银,就禁不住"眉花眼笑"了。

清代李伯元所作的小说《文明小史》里有一段写到,一个人在路上闲逛,捡到了一个沉重的皮包,他设法将皮包物归原主。失主失而复得,就"喜的眉开眼笑,打开皮包,取出一大把钞票送他"。此处"眉花眼笑"变成"眉开眼笑"了。

《镜花缘》里提到一个人因为女儿聪明、博学多闻,再难的题目都能应对,所以他"喜的眉开眼笑,不住点头"。

■ 一板一眼

"一板一眼"是戏曲音乐的用语。"板"跟"眼"都是节拍的名称。在每一小节里,第一拍,强拍叫作"板",次强拍跟弱拍都叫作"眼"。戏曲的板眼有"一板三眼",也有"一板一眼"。一个小节四拍,第一拍是重拍,也就是"板",后面三拍是"眼",就是"一板三眼"。一小节只有两拍的,第一拍是"板",第二拍是"眼",就是"一板一眼"。无论是"一板三眼"还是"一板一眼",节拍都清楚分明,所以就比喻人的言行谨守法规,有条有理。其实,戏曲音乐还有"有板无眼"与"无板无眼"的。

自

汉字源流

甲骨文	金文	战国文字	篆文	隶书	楷书

甲骨文之👃，外像鼻子的边缘，内像鼻梁上的皱纹，正像鼻子的样子。金文三例，其一、二例承自甲骨文之形，这点显而易见；第三例鼻子的下端连了起来，稍失其形，却是战国文字、篆文"自"字之所本。字经隶书，体变作自，更离初形。楷书沿之而定体，也就不易了解其初形了。以上诸形都据具体的实象造字。在六书中属于象形。

本义是人鼻。段玉裁注《说文》说："今俗以作始生子为鼻子。"引申为起源，如"其来有自"。引申为自己，如"自力更生""自寻烦恼"。引申为当然，如"有恒自能成功"。引申为主动，如"自动自发"。引申为从，如"自始至终""自古以来"。也假借为姓。

■ 作法自毙

战国时期，秦孝公重用商鞅，让他治国理政，并且接受了他的变法主张，实施了一连串的改革，让秦国变得越来越富强，成为战国七雄之一。商鞅执法非常严苛，得罪了很多权贵。秦孝公死后，他就遭到了报复。继位的秦惠公，本来就反对变法，又加上有些怀恨在心的人密告商鞅有谋反的意图，惠公就派人全力捉拿他归案。商鞅得到消息后赶紧逃走。可是当他逃到了函谷关想要投宿的时候，主人却不让他住。客栈主人不知道这个人就是商鞅，他说道："这是商鞅定的法令，不能够让身份不明的人留宿旅舍。如果违反了，被查到会受牵连，要受罚的。"商鞅听了，就叹气说："唉！自己定的法规，把自己害到这个地步呀！""作法自毙"，用来比喻自作自受。

■ 妄自菲薄

三国时期，诸葛亮足智多谋，忠心耿耿。刘备讨伐孙吴失败，退回白帝城，病逝之后，诸葛亮就一心辅佐后主刘禅，以完成先帝光复中原的志业。他写了《出师表》上奏给后主，劝他："诚宜开张圣听，以光先帝遗德，恢弘志士之气；不宜妄自菲薄，引喻失义，以塞忠谏之路也。"就是希望后主可以多听听这些忠臣将士的意见，广开言路，鼓舞士气；不应该看轻自己，"妄自菲薄"，阻塞了这些忠臣进谏的途径。"妄自菲薄"，比喻因为自卑而把自己看得太轻微。

■ 敝帚自珍

王莽的新朝灭亡之后，光武帝刘秀继承天下。可是这个时候，公孙述仍在蜀地自立为王。刘秀好几次招降他都没有成功，就派了大将吴汉去攻打公孙述。吴汉的军队一路攻到成都的城门下，公孙述不敌，还被刺伤了，扶着车子退回军营。由于伤得太重，他当晚就过世了。

隔天，公孙述的部下向吴汉投降，可是吴汉放纵士兵在城里烧杀掳掠。

副将对他说："城里的老弱妇孺数以万计，你如果就这样放任士兵放火抢劫，胡作非为，后果不堪设想，光是听到就让人鼻酸啊！'家有敝帚，享之千金'，在一般人家里，就算只是一把破烂的扫帚，他们也会把它当成价值千金的宝物来珍惜。何况成都的百姓都是我大汉的子民，你不珍惜，竟然还忍心做出这种事情来，就失去了我们本来要来解救百姓的仁义之心了。"

"敝帚自珍",比喻东西虽然不好,却因为是自己拥有的,所以非常珍惜。

鼻

汉字源流

| 甲骨文 | 金文 | 战国文字 | 篆文 | 隶书 | 楷书 |

甲骨文之𱍒，从𮥼为形，以匕箭之匕为声。匕箭为箭名，即后世的鉍字。因此，𱍒属形声。自，像人鼻之形，义为人鼻，属象形。后被借为"自从"的自，就增匕为声，以示区别，是自的分化字。战国文字二例，其第二例承自甲骨文之形，为从自、匕声；第一例则改从畀声，成了从自、畀声。此从自、畀声的鼻，后为篆文所沿。字经隶书，形变作鼻，稍失其形，而楷书之鼻则又贴近篆文之形。以上诸形在六书中都属于形声。

本义是人鼻，和耳、目、口、舌，合称"五官"。引申为创始的，如"武当派鼻祖"。引申为孔，如"针鼻细而穿空"（针鼻，即针孔）。引申为嗅觉，如"他真是鼻尖"。比拟像鼻形的东西，如"剑鼻"（比拟剑口，如人之有鼻）。

■ 仰人鼻息

东汉末年，天下四分五裂，各个州郡的首长都拥兵自重，互相攻打。董卓在京师作乱，袁绍起兵讨伐，很多人归附他。袁绍的根据地在渤海郡，附近的冀州刺史韩馥看到袁绍的势力越来越大，很担心他会来吞并自己，就缩减对袁绍的粮食支持，想借机削弱他的兵力。后来，韩馥的属下曲义造反，袁绍想借机跟曲义结盟，一起对抗韩馥。

谋士逢纪就劝袁绍说："要做大事，就要有更多的资源。冀州地广物博，刺史韩馥又生性怯懦，才能平庸，不如直接想办法把它夺过来。"逢纪建议袁绍煽动北方的公孙瓒带兵南下，这样韩馥一定吓得手足无措。之后再派人去游说他，分析目前的情势对他不利，袁绍又有才干，不如就把冀州让给他，这样一来，既可以保全性命，又能得到让贤的美名。果然，韩馥听了说客的话，答应把冀州让给袁绍。韩馥的部下听到这个消息，赶紧劝阻说："我们冀州虽然位置偏远，可是兵力也有百万，粮食甚至够吃上十年，袁绍算什么！他的实力根本比不上我们，还得'仰我鼻息'，靠我们的支持才能存活，像个婴儿一样，你不去喂他，他就会饿死，没有生存的能力，为什么还要把土地让给他？"可是怕事的韩馥根本听不进去，不管多少人劝他都没有用，最后还是把冀州让给了袁绍。"仰人鼻息"就比喻依靠他人生活，或看他人的脸色行事，不能自主。

嗤之以鼻

"嗤之以鼻"的"嗤"是讥笑的意思，是用鼻子发出声音来嘲笑别人，表示不屑。

晚清小说《黄绣球》说的是清朝末年中国社会受到西方文化的影响，各方面都起了剧烈的变化，女权问题也开始有人重视。这部小说说的就是当时妇女生活的情况，还有改革运动的困难，从这些方面去反映妇女争取权利的艰难历程。

小说探讨了"放足"跟"读书"这两个最迫切的问题。"黄绣球"是这本书的主角，她是旧时代的妇女，被西方文化影响，鼓吹放足，兴办学堂，教妇女读书识字。虽然路途坎坷，不被社会认同，可是她并没有放弃，以美国一位农家女的事迹为榜样，自我勉励。这个美国农家女立志要对教育有所贡献，到处传播知识，大家都笑她、为难她。书里写道："请于巨绅贵族，更嗤之以鼻。"去见权贵时,她更受到鄙视。可是,她还是四处奔波,就算耽误了自己的终身大事,也在所不惜,最后终于受到有心人的赏识和帮助,实现了理想。

耳

汉字源流

| 甲骨文 | 金文 | 战国文字 | 篆文 | 隶书 | 楷书 |

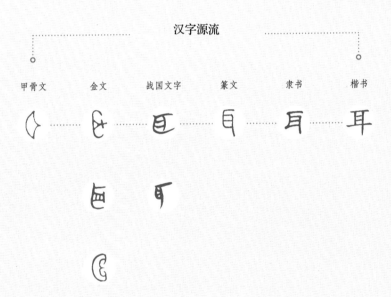

甲骨文之𦘒，像人左耳外廓的样子。金文三例，都像左耳之形，只是其一、二例多了耳窍，更为写实。第三例似描摹人耳之形，无异图画。战国文字二例，第一例耳朵上、下的边缘向右延伸，稍失其形；第二例耳上的边缘向右延伸，内侧边缘向下弯曲，更离其形，不过，大抵看来，仍像人耳之形。篆文𦖞应是承自战国文字第二例，外像耳朵的边缘，中有窍，右侧边缘向下延长，不免失形。隶书与篆文无甚差异。楷书继自隶书，上、下耳边横向延长，形变更大，也就不易了解其原形了。以上诸形都据具体的实象造字。在六书中属于象形。

本义是人耳，如"洗耳恭听"。引申为听，如"耳熟能详"。比拟像耳形的植物，如"木耳""银耳"。比拟为两旁的屋子，如"耳室""耳殿"。比拟像耳形的东西，如"鼎耳"。假借为语尾词，如"直不百步耳，是亦走也"。也假借为姓。

■ 交头接耳

汉高祖刘邦驾崩之后，汉惠帝继位，可是他个性软弱，结果让太后吕雉把持了朝政。惠帝驾崩之后，吕后又立了少帝，而且封了很多宗族兄弟为王，引起刘家人跟朝中大臣的不满。《前汉书平话》讲到了这段历史，当时有人说要起兵反抗吕后，吕后觉得这是朝中大臣唆使的结果，就听从了族人的建议，宴请大臣，要在席间给朝臣一点下马威。吕后命人在宴会上维持秩序，宣布三项禁令：一、筵上不得双起，不能两个人同时起身。二、筵上不得交头接耳。三、不得推醉，不能推说喝醉了就不喝酒。

如果有违反的人，可以先斩后奏。这里面说的第二项禁令"交头接耳"后来就变为成语，形容私底下小声讲话。

■ 耳提面命

春秋时期的卫武公治国开明，广纳百官意见，他也得到卫国百姓的爱戴，让卫国成为春秋初年的大国。他写了一首诗，名叫《抑》，收录在《诗经》里，表达了他对后代子孙的关心跟叮咛："于呼小子！未知臧否。匪手携之，言示之事。匪面命之，言提其耳。"意思就是说："这些年轻人还不会分辨好坏，怕他们迷失方向，我当面告诫他们，还拉着他们的耳朵，希望他们能记住我说的话。"后来"匪面命之，言提其耳"就演变成成语"耳提面命"，意思是恳切地教诲。

■ 耳目一新

南北朝时期，北魏的齐州刺史元鉴上任之时正值朝廷改革初期，很多制度法令都刚开始实行。元鉴也遵从朝廷的意思，推动新制度，同时兼顾当地旧有的习俗。这让皇帝很欣赏，就说："如果每个州的刺史都这样，要移风易俗又有何难？"皇帝下诏赞扬了元鉴，还把他的做法颁布天下。

齐州的人民都很喜欢谈论这件事情，还说这些新制度让他们"耳目更新"。"耳目更新"演变成"耳目一新"，形容所见所闻都有一种新奇的感觉。

口

汉字源流

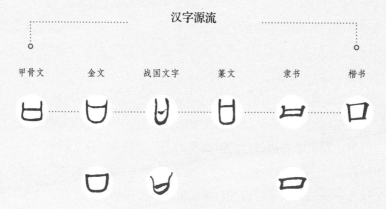

| 甲骨文 | 金文 | 战国文字 | 篆文 | 隶书 | 楷书 |

从甲骨文到楷书都像人嘴张开的样子,据具体的实象造字。在六书中属于象形。

本义是人嘴,如"病从口入,祸从口出"。引申为一切动物之口,如"羊入虎口""狮子大开口"。引申为说话,如"口若悬河"。引申为言语,如"口诛笔伐"。引申为内外相通的地方,如"门口""关口"。引申为裂开的地方,如"缺口"。引申为刀、剑最锐利的地方,如"刀口"。假借为量词,用以计算人或物的数量的单位,如"一家八口""一口井"。也假借为姓。

■ 三缄其口

刘向的《说苑》记载,孔子前往周朝首都参观周王祖庙的时候,在祖庙右边的台阶前面看到了一个铜像。这个铜像"三缄其口",嘴巴被重重封住了,背上还刻了一段文字,说:"这是古时候说话最谨慎的人。要谨慎,不要多话,话一多,失误也一定跟着多。"孔子看了就告诫弟子要记得这番话,平常谨言慎行,才不会招来无妄的口舌之灾。"三缄其口",形容说话谨慎或根本就不说话。

■ 口若悬河

晋朝的郭象是玄学大家,学问好,能言善辩,口齿伶俐。《世说新语》记载了太尉王衍对郭象的评语。他说:"郭子玄语议如悬河泻水,注而不竭。"意思是,郭象说话议论的时候,就像从山上直直倾泻下来的瀑布一样,源源不绝,不会枯竭。"口若悬河",比喻说话滔滔不绝,能言善辩。

■ 口蜜腹剑

唐太宗一手开启了唐朝的盛世，但是唐玄宗时已由盛转衰。唐玄宗刚开始治理朝政的时候，因为有贤臣辅佐，所以才有"开元盛世"，可是后来他重用李林甫、杨国忠这些奸臣，引发了"安史之乱"。李林甫这个人很狡猾，对于他的政敌，他不会直接表现出敌意，会用好听的话来引诱对方上当，再暗中陷害对方。

天宝年间，唐玄宗任用李适之当宰相，李林甫心生不满，就想了一个方法要除掉他。有一天，李林甫跟李适之说："我刚刚得到一个消息，华山发现金矿，如果去开采的话，朝廷的财务困境就解决了。请李丞相赶紧上书建议开采，皇上知道了一定会很高兴。"李适之立刻上书。玄宗看了奏章，本来要批准，没想到李林甫却跑去劝阻说："华山有金矿的事我早就知道了，可是迟迟没有上奏，就是因为那里的风水是王气所在，如果随便开采，破坏王气，那对国家会有不好的影响啊！"玄宗听了，就觉得李适之治国不周详，把他罢免了。李林甫靠着这种手段，除掉了很多政敌，终于得到了玄宗的完全信任，当了十九年宰相，却让唐朝走向衰败。

李林甫阴险，所以大家都说他嘴上甜蜜，肚子里却藏凶器。"口蜜腹剑"，就是说一个人说话好听，可是内心险恶。

唇

汉字源流

| 甲骨文 | 金文 | 战国文字 | 篆文 | 隶书 | 楷书 |

此字始见于战国文字,上"辰"下"肉"。篆文从肉、辰声。从"肉",指与人体有关;"辰"表示音读。《说文》另收有古文从页,辰声。楷书从篆文来。在六书中属于形声。

本义为口边缘的肌肉,如"嘴唇""唇齿相依""唇红齿白"。引申为物的边或边缘,如"碗唇"。

■ 唇亡齿寒

春秋时期,有两个跟晋国相邻的小国家,分别叫作虞和虢。晋国看它们国力不强,一直想吞并这两个小国。晋献公想要先打虢国,就派人到虞国去送礼物,想要跟他们借道去攻打虢国。虞公禁不起诱惑,答应了晋国。晋国因此没费多少工夫,就攻下了虢国的都城。又过了三年,晋国又一次想要从虞国借道再攻虢国。这个时候,反对的声音就出现了。虞国的大夫宫之奇,对此事是极力劝阻。他说:"虢国是我们的屏障,如果他们真的被晋国给并吞了,下一个不就轮到我们了吗?我们不能放任晋国的野心一直扩张下去,更不应该像这样,随便让别人的军队经过国土。发生过一次,就已经太过分了,怎么可以再有第二次呢?'辅车相依,唇亡齿寒',脸颊的骨头跟牙床密不可分,就像是牙齿跟嘴唇一样,没有嘴唇遮蔽,牙齿也会觉得冷呀!这不就是虞国跟虢国的情况吗?"虽然宫之奇大力反对,虞公却一意孤行,以为晋国不会对虞国造成威胁,还是答应了晋国的要求。最后,事情果然如宫之奇所说,晋国灭了虢国之后,就在回程途中把虞国顺便给灭了。

鲁哀公在位时也有一个类似的故事。当时吴国想要攻打鲁国，就有人劝吴王说："鲁国看似没有靠山，其实一旦有事发生，诸侯都会来救援。到那时，晋国、齐国、楚国都来了，您要面对的敌人可就多了。唇亡齿寒的道理，您是明白的，鲁国就像齐国跟晋国的嘴唇一样，他们怎么可能会对这件事袖手旁观呢？"

"唇亡齿寒"，比喻关系密切，利害相关。

■ 反唇相讥

贾谊是汉朝初年重要的文学家、思想家、政治家。他自小熟读诗书，才学过人，很年轻就锋芒毕露，受到汉文帝的赏识。他曾经写了一篇《治安策》上疏给皇帝，讲治安的策略，对汉代的政治有很大的影响。贾谊认为，秦朝之所以会灭亡，就是因为没有施行仁义之道，风俗败坏。汉朝初年，其实也还有秦朝遗风。他举例说，有钱人家的儿子，长大就急着想要分家，穷人家的儿子，则去入赘。父亲来借个锄头，就一副施舍的样子；婆婆来拿个扫把，就在旁边抱怨。媳妇跟公公坐在一起，一点长幼尊卑也没有，如果被婆婆骂了，还马上回嘴。

"妇姑不相说，则反唇而相稽。"贾谊认为这些都应该加以改革，用仁义来教化百姓，国家才能够长久安定。"反唇相讥"，意为一个人被指责了，不服气，反过来指摘对方。

舌

汉字源流

| 甲骨文 | 金文 | 战国文字 | 篆文 | 隶书 | 楷书 |

甲骨文之 🦴，像口中伸出舌头的样子，🦴则在舌边多出三点，代表唾液，不影响其音、义，属合体象形。金文三例舌面多一纹理，或口、曰相通，余点也属唾液。战国文字二例，一如金文第三例，仅"曰"换作"口"而已。战国文字作 舌、舌，篆文讹变作 舌，而成从干、从口。字经隶书，形变作 舌、舌，颇失其形，楷书则承篆文 舌 而定体。以上诸形，都由口或曰加不成文的舌头实象而成，不受有无唾液的影响。在六书中属于合体象形。

有学者以舌从口、羊会意。羊，义为袿气上升，和口结合，以表进食知味（《文字析义》），可备一说。

本义是人舌，即俗称"舌头"。引申为言语，如"饶舌"。引申为言辞，如"舌战群儒"。比拟像舌形的东西，如"铃舌""火舌""鸭舌帽"。也假借为姓。

■ 三寸之舌

舌头是说话的主要器官，大概三寸长，所以古人就常用"三寸之舌"来表示口才。战国时期，秦国攻打赵国，赵国的首都邯郸被围，情况很危急。赵王就派了平原君到楚国去求救，希望能联合楚国一起对抗秦国。平原君一直不能说动楚王。这个时候，门客之一的毛遂，义正词严地跟楚王分析情势，气势凌人，竟然让楚王答应跟赵国结盟了。平原君顺利完成任务，回到赵国之后，他对毛遂大加赞赏，说："毛先生以三寸之舌，强于百万之师。"意思是说，毛遂的一番话胜过了百万大军。

■ 瞠目结舌

"瞠目结舌"的"瞠目"跟"结舌"分别来自不同的地方。宋朝的志怪小说《夷坚志》记载了一个官员在上任途中经过金陵，投宿在官舍。他正打算休息的时候，竟然出现两个怪人，睁大眼睛，"瞠目"直视，还说了一些怪话。他被吓得魂不附体，马上就搬离了官舍，住到客栈去了。

汉哀帝在位时，外戚专政，政治混乱。有人上书哀帝，劝他要任用贤才，不能让他们像汉成帝时的王章一样，因为直言劝谏，最后被诬陷下狱。这样会让"智者结舌"，贤能的人都不敢开口说话了。

"瞠目""结舌"后来就被合并成成语，意为睁大眼睛说不出话，形容很吃惊的样子。

■ 张口结舌

"张口结舌"形容一个人因恐惧慌张或者是因为自己理亏而说不出话来的样子。《庄子》记载了战国时期的公孙龙跟魏国公子魏牟的对话。公孙龙觉得自己博学多闻，胜过很多口才好、学识高的人，可是他听了庄子说的话还是觉得很困惑。于是，他就问魏牟，是不是自己学识不够。魏牟就说了，你公孙龙就像井底之蛙一样，眼界狭小，想要以管窥天，才没有办法听懂庄子的话。他让公孙龙不要再去勉强理解，免得不但没有学成，连自己本来会的都给忘了。

公孙龙听了魏牟的话以后，"口呿而不合，舌举而不下"，张开了嘴巴合不起来，举起来的舌头也放不下去，也就是张口结舌，一句话也说不出来。

身

汉字源流

| 甲骨文 | 金文 | 战国文字 | 篆文 | 隶书 | 楷书 |

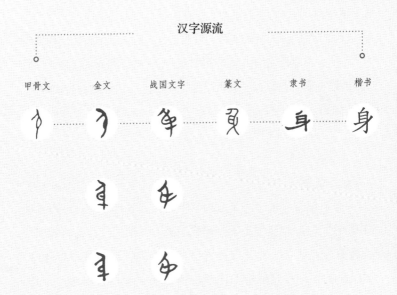

甲骨文之𠂤，像隆起腹部的人，凸显的是尾椎骨之处。金文第一例填实以显之，是金文的常例；二例、三例在尾椎骨之处用一横或一斜横以标之，示意较清楚完整，属合体指事。战国文字第一例，对照金文二、三例，可知其灵动的圆圈以像其腹，基本上是承金文第二、第三例而来；第二、第三例则似甲骨文和金文的第一例，稍失其形。篆文𦨶最似金文第二例，像突肚之人，以ʃ标示尾椎骨之处。字经隶书，形变作身，颇失其形；楷书则沿之而定体，也就不易了解其原形了。以上诸形都据实象人字的异体，增以臆构的一、╱以及ʃ以示尾椎之处。在六书中属于合体指事。

本义是人的躯干。引申为亲身，如"身经百战""身临其境"。引申为生命，如"以身殉国"。引申为一生，如"终身""身后"。引申为品德修养和才能，如"三省吾身""身手不凡"。引申为身份、地位，如"身败名裂"。假借为量词，用于计算成套的衣服或佛像数量，如"一身灰色衣服""三身佛像"。比拟为某些物体的主干，如"桥身""船身"。

■ 以身试法

汉朝的王尊是个是非分明、廉洁自爱的人。在他小的时候，父母就过世了。失去依靠的他跟着叔父、伯父一起生活，靠着帮别人牧羊为生。王尊好学，常常在牧羊的闲暇时间偷偷读书。也因为如此，他才有了当官的机会。后来他被汉元帝封为安定太守。当地的治安很差，官员贪污严重。为了让人民安居乐业，他一上任就发出了公告，告诫官员们要以身作则："明慎所职，毋以身试法。"也就是说，不要无视法律，亲身去试探。"以身试法"，形容无视法律的制裁，故意犯法。

■ **孑然一身**

"孑然一身"是从"孑然"这个词语演变来的，就是孤单一人的意思。三国时期，辽东太守公孙渊跟孙权密谋要反抗魏国，可是又怕魏国知道消息以后来报复，就杀了吴国的使者，撇清关系。孙权知道后勃然大怒，打算发兵攻打公孙渊，可是大臣陆瑁觉得太冲动了，就劝阻孙权，希望他不要出兵。陆瑁觉得公孙渊"孑然无所凭赖"，没有其他的势力在支撑他，时间一久，自然也就不足为患了。孙权听了，觉得有道理，就此作罢。公孙渊因为常常像这样背叛盟友，"孑然一身"，最后果然如陆瑁所说，自取灭亡了。

■ **现身说法**

"现身说法"本来是佛家用语，意思是佛祖或菩萨显现出各种不同的样子，向世人宣传佛法。《楞严经》里提及观世音菩萨会根据不同的人、不同的因缘幻化成不同的样子，来为他们说明该怎么样去渡过当前的难关。"我与彼前，皆现其身，而为说法，令其成就"，这就是"现身说法"。比喻用亲身经历来说明道理或劝导别人。

■ **以身作则**

孔子说："其身正，不令而行；其身不正，虽令不从。"身居上位的人，必须要把自己的行为当作典范，人们才会心甘情愿地服从；如果只是说说而已，自己都做不到，别人又怎么会听从呢？"以身作则"，就是用自己的行动来作为别人的榜样。

■ 身轻如燕

汉朝美女赵飞燕是汉成帝的第二任皇后，妖冶冷艳，舞技绝妙。所谓"环肥燕瘦"，指的就是杨玉环和赵飞燕。《飞燕外传》说："飞燕体轻，能为掌上舞。"身体轻得可以在人手掌上跳舞，果然"身轻如燕"啊！

腹

汉字源流

甲骨文	金文	战国文字	篆文	隶书	楷书

甲骨文右上像人挺个大肚子的样子,左下像"复"。战国文字左边像"肉",右边像"复"。篆文从肉,复声。从"肉",指与人或动物有关;"复"表示音读。隶书、楷书从篆文来。在六书中属于形声。

本义为肚子,如"腹部""腹围""腹腔""果腹""腹膜炎""大腹便便"。腹部在人体的正面,引申为前面,如"腹背受敌"。引申为怀抱、搂在腹前,如"出入腹我"(《诗经·小雅·蓼莪》)。腹腔在身体的里面,体积大,引申用以比喻中心宽广的部分,如"瓶腹""腹地广大"。引申为内心,如"推心置腹""口蜜腹剑"。腹部脂肪多,引申为厚,如"水泽腹坚"(湖沼上冰结得厚又坚固,出自《礼记·月令》)。也假借为姓。

■ 心腹之患

春秋时期,吴王夫差想要攻打齐国,越王勾践知道了,就带着臣子去朝见吴王,送了很多礼物给吴王还有大臣们。众人皆喜,只有伍子胥觉得不妙,他认为这根本就是越王勾践的计谋,只是为了让吴国安于现状、失去警戒心,将来好灭掉吴国而已。所以他就去劝谏吴王说:"攻打齐国其实一点意义也没有,齐国对吴国来说像是一块不能耕种的田,没有什么用处,但是越国却是吴国的'心腹之疾'呀。越王表面上假装服从,但是私底下却在图谋要并吞吴国,大王不趁早灭了越国,赶快除去后患,反而想要在这个时候攻打齐国,这真的是不智的举动啊!"可是吴王夫差却不听劝告,执意要先对齐国用兵,还命令伍子胥自杀。后来事情的发展果然如伍子胥所说,越王一步步苦心经营,终于灭掉了吴国。"心腹之患"这个成语就从"心腹之疾"演变而来,形容致命的祸患,或隐藏在内部的危害。

■ 腹背受敌

崔浩是北魏时期的人,他博览群书,足智多谋,国家在军事上的重大决定都会先跟他商量。当时东晋的将领刘裕征讨后秦,想跟北魏借道。大臣们都认为刘裕说要借道,只是借口,真正的意图是要借机侵犯北魏,所以不只要拒绝这个要求,还要派兵阻拦才对。但是崔浩对这件事情有不同的看法。他说:"刘裕对后秦一直恨得牙痒痒,如果我们不但不帮忙,还去阻拦,他反而会把矛头指向我们。我国现在兵马、粮食都不足,不如就把黄河的水道借他,让两虎相斗。"大臣们听了还是反对,说:"'裕西入函谷,则进退路穷,腹背受敌。'借道的说法一定是借口。"结果按照群臣的意见,北魏派兵阻拦,被打败后才后悔没有听崔浩的。"腹背受敌"形容前后都有敌人攻击。

■ 坦腹东床

《世说新语》记载,晋朝太尉郗鉴有个知书达礼又漂亮的女儿,他听说丞相王导家的子弟各个才华出众,就派了人到王家去,替他观察一下这些人的行为举止,看看谁最适合做女婿。王家子弟一听说这个消息,每个人都把自己精心修饰了一番,想要好好表现。

唯有王羲之一个人若无其事。他躺在床上，把肚子都露出来了，还吃着饼，态度从容，好像完全没把这件事情放在心上。使者把情形如实回报。王羲之这种自在从容的行事作风，恰好就合了郗鉴的心意。经过再次察访，知道这个人是王羲之，就把女儿嫁给了他。后来"坦腹东床"就变成当女婿的意思。女婿也被称为"东床快婿"。

背

汉字源流

| 甲骨文 | 金文 | 战国文字 | 篆文 | 隶书 | 楷书 |

从篆文到楷书,"背"字字形都从肉,北声,为音读。北为背字的初文,北字假借为方位上的北方之后,转注为从肉、北声的"背"字。在六书中属于形声。

本义为违背、背离,音读 bèi,如"离乡背井"。引申为躯干上跟胸或腹部相对的部位,如"背部""汗流浃背""驼背"。引申为用背部对着,如"人心向背""背山临海""背水一战"。引申为物体的反面或背面,如"刀背""手背"。引申为背诵,如"背书""倒背如流"。

另音 bēi,为负荷、用背驮,如"背孩子""背起书包上学堂"。引申为承受、承担,如"背了一身债""背黑锅""背包袱"。

■ 汗流浃背

西汉初年,汉惠帝才能平庸,吕后因此把持朝中大权,还大肆分封家族兄弟。等到吕后过世,太尉周勃带兵铲除了吕家势力,迎接刘邦的另一个儿子刘恒回到宫里即位,也就是开创"文景之治"的汉文帝。当时的右丞相陈平,觉得周勃平定吕氏之乱,巩固汉室的天下,功劳比自己大得多,就自愿把右丞相的位置让出来,自己则降为官阶低一点的左丞相。有一次早朝,汉文帝问周勃:"朝廷一年判案几件?"周勃一直掌管军事,对这些事情不太了解,只好回答不知道。汉文帝又问:"国家一年的税收支出又是多少?"周勃也不太清楚,又回答不知道。文帝连问了两个问题,他都回答不出来,心里很惭愧,汗流了满身,连背都湿透了("汗出沾背,愧不能对。"《史记·陈丞相世家》)。汉文帝又问了陈平,陈平则回答说:"这些事情都有负责的人,判案应该问廷尉，税收则是治粟内史的事情。""汗出沾背"后来演变成"汗流浃背"，形容工作辛劳或是惭愧惊恐的样子。

■ 背水一战

战国时期，梁惠王问尉缭子："我听说黄帝有一套刑德之说，靠它可以百战百胜，真有这样的事吗？"尉缭子回答："黄帝说的刑德，是指用武力讨伐敌人，用文德治理天下，并不是您所想的流年方位、阴阳五行。如果今天有一座城，怎么攻都攻不下来，这时候，多花些心思在行动策略上，比起去研究良辰吉日，不是更有机会攻破它吗？《天官》中说：'背水布阵，是把部队置于死地；面山坡摆阵，则是自废兵力。'然而武王伐纣，不但背着济水，还面对牧野山坡，最后却打败了纣王。所以，想要百战百胜，靠的并不是选对良辰吉日，而是在于人的努力。"《天官》是一本记载阴阳的书，所说的"背水布阵"后来演变为"背水一战"，比喻抱着必死的决心努力奋战。

■ 力透纸背

颜真卿是唐朝著名的书法家，年轻时曾向张旭请教运笔的方法。张旭回答说："我以前听褚遂良说过，用笔要像画沙一样。我那时一直不懂，后来到了一个岛上，那里布满了沙，又平坦又干净，让人想提笔写字。于是我找来了锐利的锥子，在沙地上写啊写，才领悟了这句话的道理。用笔的时候，就像是拿尖锐的东西在沙子上写字作画一样，有的时候要隐藏笔锋，让笔画看起来深沉；不隐藏的时候，要让运笔的力量，穿透到纸的另一面才行('常欲使其透过纸背'[《张长史十二意笔法意记》])。如果可以同时呈现隐藏、穿透这两种笔法,就掌握运笔的道理了。""力透纸背",形容书法强劲有力,也可以用来指文章立意深刻。

心

汉字源流

| 甲骨文 | 金文 | 战国文字 | 篆文 | 隶书 | 楷书 |

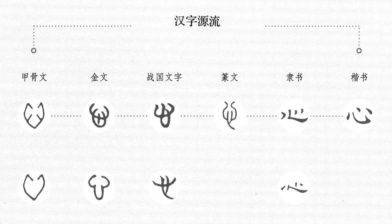

甲骨文二例：♡像心脏的外缘，♡外像心脏的边缘，内像瓣膜，均属象形。金文二例，承自甲骨文之形，大同小异。战国文字第二例，以弯曲的线条表外缘，不够完整，以致稍失其形。篆文𢗓，承自战国文字第一例，字形整齐，更似心脏的样子。字经隶书，体变作心、心，颇失其形。楷书沿之，也就不易了解其原形了。以上诸形都据具体的实象造字。在六书中属于象形。

本义是人的心脏。古代认为心主管思考，就以心为脑的代称。引申为思想，如"劳心""存心"。引申为意志，如"二人同心""心如磐石"。引申为精神，如"心力交瘁"。引申为中央，如"菜心"。引申为思虑，如"有口无心"。引申为感情，如"心神不宁"。引申为智力品行，如"身心发展"。引申为胸襟，如"心宽体胖""心旷神怡"。假借为星名，如"心宿"。也假借为姓。

■ 包藏祸心

春秋时期的小国郑国想跟强大的楚国保持良好的关系，于是郑国大夫公孙段就把女儿许配给了楚国的公子围。可是楚国却想利用这个机会，进入郑国的首都吞并郑国。娶亲当天，公子围率领一大队楚国士兵前往郑国，郑国大夫觉得情况不太对劲，就派人去阻止楚国的士兵进城，说："我们的城太小了，恐怕容不下那么多的人，不如在城外举行婚礼吧。"但是楚国的人说这不合礼法，坚持要进城。郑国的代表只好直截了当地说："国家小，本身并没有什么问题，有问题的是想要依赖大国，而且一点防范之心也没有。我们本来希望联姻之后,可以靠楚国的力量安定国家,但你们恐怕是心怀不轨,来算计我们的吧!"("而无乃包藏祸心以图之。"[《左传》])楚人的诡计被看穿了,只好放弃原有的计划,不携带任何武器,进城迎娶。"包藏祸心",比喻心怀诡计,想要害人。

■ 见猎心喜

程颢是宋代的思想家,少年时代特别喜欢打猎,常到郊外去享受在田野里追逐猎物的乐趣。可是随着年龄增长,又忙着求学做官,能像以前一样打猎的时间越来越少,他就以为自己对打猎没兴趣了。

他的老师周敦颐跟他说:"要改掉旧习谈何容易?你的喜好只是暂时隐藏起来了,等到哪天有机会接触,你又会跟以前一样喜欢了。"在《周子遗事》里就记载了这件事。某日,程颢傍晚回家,在田里看到有人在打猎,忍不住回想起了打猎的乐趣,手痒起来。"在田间见猎者,不觉有喜心"。"见猎心喜",意思就是旧习难忘,看到有人在做自己喜欢做的事,就跟着跃跃欲试。

肠

汉字源流

| 甲骨文 | 金文 | 战国文字 | 篆文 | 隶书 | 楷书 |

此字始见于战国文字,左"肉"右"昜"。篆文从肉,昜声。从"肉"表示与人或动物有关,"昜"表示音读,在六书中属于形声。隶书右边误变成"易"。楷书从篆文来。

本义为人或动物的消化器官之一,如"胃肠""大肠""小肠"。也指用动物的肠子加工制成的食品,如"香肠""糯米肠""大肠包小肠"。假借指心思、情怀,如"牵肠挂肚""愁肠百结"。

■ 铁石心肠

三国时期,曹操让大臣王必做丞相长史,相当于现在的幕僚长或秘书长。而且在诏书里称赞王必"忠能勤事,心如铁石",意思是王必不但忠心、勤劳,而且意志像铁石一样坚定,所以特别授予他这个官职。"铁石心肠"这个成语就是从"心如铁石"演变而来,用来形容一个人意志刚强,而且不会因为感情而动摇。

■ 搜索枯肠

卢仝是唐代诗人。有一次,好友给他送了茶来,他喝了以后身心舒畅,就写了一首《走笔谢孟谏议寄新茶》回赠,他说:"一碗喉吻润,两碗破孤闷。三碗搜枯肠,唯有文字五千卷。"当他喝下第三碗茶的时候,肚子里的杂物全部都被清扫一空,只剩下读过的诗书五千卷。"搜索枯肠"这个成语就从这首诗里的"搜枯肠"演变而来,比喻竭力思索。

胆

汉字源流

甲骨文	金文	战国文字	篆文	隶书	楷书
					膽

此字始见于篆文，从肉，詹声。从"肉"，指与人或动物有关；"詹"表示音读。楷书从篆文来。在六书中属于形声。

本义为人或动物体内浓缩和储存胆汁的囊状消化器官，如"胆囊""胆汁""苦胆""熊胆"。胆囊用以贮存胆液，引申为器具中空，可容气体或水的部分，如"球胆""热水瓶胆"。古人以为勇气来自胆，假借指勇气，不怕危险、无所畏惧，如"胆量""胆识""胆小鬼""胆大心细""胆大妄为"。也假借为姓。

■ 明目张胆

秦朝末年，天下大乱，陈胜、吴广起兵反秦。百姓认为陈胜反抗秦朝、光复楚地，功劳很大，希望立他为楚王。但是陈胜的部下们就说："秦朝暴虐无道，害得百姓家破人亡。你有胆识，不顾自己的生死，为天下除害。（'将军瞋目张胆，出万死不顾一生之计，为天下除残也。'[《史记》]）如今刚到这里，就想称王，这是把天下当作自己的财产。将军应该结合众人的力量，一举推翻秦朝才是。如果今天在这里称王，恐怕会失去百姓的向心力，无法成就帝业。"但是，陈胜听不进去，仍然自立为楚王。这里的"瞋目张胆"是"张大眼，壮着胆"的意思，形容有胆识，无所畏惧。后来演变成"明目张胆"，变为公然做坏事的意思。

■ 肝胆相照

韩信在陈胜、吴广起义的时候，投身项羽的麾下，但是没有受到重视，于是他离开楚营，投靠刘邦，立下很多功劳，被封为齐王，手握重兵。韩信的谋士蒯通觉得韩信功高震主，很可能会惹来杀身之祸，就劝韩信说："我愿与将军'披腹心，输肝胆'，贡献计策，只怕将军不信任我。今天楚王一旦被打败了，汉王接下来要对付的人就是将军你了。你不如保持中立，跟他们三分天下。这样一来，不但可以保全自己，天下百姓也可以免于战争之苦。"可是韩信因为感念刘邦对他的知遇之恩，又不懂政治，就拒绝了蒯通的提议。项羽在乌江自刎，刘邦马上就削去了韩信的兵权，把他贬为淮阴侯，最后被吕后以谋反的罪名诛杀，株连三族。一代名将落得如此下场。蒯通所说的"披腹心，输肝胆"演变成"肝胆相照"，比喻彼此推心置腹，以诚相待。

■ 披肝沥胆

北周末年，杨坚杀了年幼的皇帝后篡位并且改国号为隋，就是隋文帝。当时有别的势力蠢蠢欲动，也想要谋反。隋文帝的亲信李德林知道了，就写了《天命论》这篇文章，说隋朝的建立是出于天命，并不是人力所能改变的，想要劝他人打消谋反的念头。文章里面列举古代圣王，都是上承天命，下顺人心，才能建国立业。隋文帝对人民"披肝沥胆"，得到大臣、诸侯的爱戴，又有上天的祥瑞之兆为证，才能够统治天下。"披肝沥胆"，比喻坦诚相待。

手

汉字源流

| 甲骨文 | 金文 | 战国文字 | 篆文 | 隶书 | 楷书 |

金文之✋、✋，像五指和手臂相连的样子，只是中指方向不同而已。篆文✋承自金文第一例。字经隶书，形变作手，手臂左弯，颇失其形，楷书沿之，稍易其形而定体。✋，像五指连臂之形，仅多一饰画，不影响其音义。以上诸形都据具体的实象造字。在六书中属于象形。

有学者以甲骨文没"手"字，有"丑"字，丑是三指连臂之形，是"手"的初文，则丑属象形，手属变体象形（《文字析义》），可备一说。

本义是人的手掌。引申为手指，如"十手所指"。引申为持，如"曹子手剑而从之"（《公羊传·庄公十三年》）。引申为击，如"手熊罴"（汉·司马相如《上林赋》）。引申为伎俩，如"手有巧拙"（《法书要录》）。引申为行为，如"假手于我有命"（《尚书·伊训》）。引申为保育，如"寡人生于深宫之中，长于妇人之手"（《荀子·哀公》）。引申为处置，如"又劳烦于商贩之手"（《南史·列传第十七》）。引申为笔迹，如"天子识其手"（《汉书·郊祀志》）。引申为行事之人，如"凶手""水手"。引申为技艺高超之人，如"名手""画手""写手"。引申为权能，如"陈知其罪，授手于我"（《左传·襄公二十五年》）。引申为桎梏、刑具，如"圣人以不手为圣人"（汉·扬雄《法言·问神》）。引申为亲手，如"为循手刃所害"（晋·陈寿《三国志·蜀书·蒋琬费祎姜维传》）。

■ 得心应手

《庄子》记载，有一天，齐桓公在读书，工匠轮扁看到他读得很辛苦，就放下工具，问桓公："您读什么书呢？"桓公生气地说："国君读书，你一个工匠也敢问！"轮扁回答："臣不敢，只是从臣工作的角度来看，在把轮子装上车轴的时候，只有'不徐不疾，得之于手而应于心'才能制作出一个好轮子。这完全是依靠熟练的技巧跟经验的累积。时间久了，心里有想法，手自然就会去做，这是没有办法用话语传达的。古人的经验跟智慧也是，不可能借着书本完全传授给后人。"

"得心应手"就由"得之于手而应于心"演变而来，比喻技艺熟练，运用自如，或用来比喻事情进行得很顺利。

■ 炙手可热

唐宣宗的时候，崔铉在朝中担任重要职务，权势非常大。当他要做重要决策的时候，都会找杨绍复、郑鲁、段瓖、薛蒙这些人一起商讨，所以这四个人在当时同样也是声名显赫，大权在握。《新唐书》记载："郑、杨、段、薛，炙手可热；欲得命通，鲁、绍、瓖、蒙。"这里的郑、杨、段、薛，还有鲁、绍、瓖、蒙，指的就是那四个人。这段话就形容他们的权势如日中天，热到会烫手。

"炙手可热"，比喻地位尊贵，也可以指受欢迎，名声响亮。

掌

汉字源流

| 甲骨文 | 金文 | 战国文字 | 篆文 | 隶书 | 楷书 |

此字始见于篆文，从手，尚声，隶书、楷书同。字从"手"，为义符，表示与手部有关；从"尚"，为声符，不兼义，依《说文》，"尚"字本义为"曾也、庶几也"，文献中也用同"上"，其意义都与"掌"无关。在六书中属于形声。

本义为手心、足心，如"手掌""脚掌""易如反掌"。引申为动物的脚底，如"熊掌""鸭掌"。引申为用手掌打，如"掌嘴"。引申为管理、主持，如"掌管""掌握"。又用为量词，计算武术招数的单位，如"降龙十八掌""一掌毙命"。也假借为姓。

■ 易如反掌

春秋时期，管仲和晏子都是当时很有能力的名臣，国家因其辅佐才强盛起来。孟子的学生公孙丑曾经问孟子："老师，如果您也在齐国执政，能不能跟管仲、晏婴一样振兴齐国呢？"孟子回答："齐国是个大国，地广人多，如果施行仁政的话，完成统一天下的王业，就会像是把手掌翻过来一样简单（'以齐王，由反手也'），可是他们并没有做到。""由反手也"演变成"易如反掌"，比喻事情非常容易做到。

■ 孤掌难鸣

法家的著作《韩非子》里有一篇提到，明君必须建立领导人的权威，并且获得天下人的拥护爱戴，地位才能够稳定崇高，臣子也才能一展所长，为国尽忠。君臣各尽本分，国家才会长久。所以人君最大的忧患，在于无人呼应。"一手独拍，虽疾无声"，意思就是用单手鼓掌，就算挥得再快也发不出声音来。"一手独拍，虽疾无声"就演变成"孤掌难鸣"，比喻人孤立无助，不能成事。

■ 掌上明珠

晋代的傅玄写了一首《短歌行》，这首乐府诗写的是一名女子被抛弃之后的悲伤心境。诗中写道："昔君视我，如掌中珠。何意一朝，弃我沟渠？"意思是，你以前对待我，像是把珍珠捧在手里一样，可是为什么突然不要我了，把我扔到水沟里去了呢？"掌上明珠"，比喻非常珍惜的人或物，现在大多用来指女儿。

■ 了如指掌

鲁国是周公的封地，周天子为了感念周公的功劳，特准鲁国举行原本只有皇帝才可以主持的禘祭。但是，一般人都没见过这么隆重的祭典，也就不知道该怎么进行。他们向孔子请教，孔子不想回答，就说："不知也。"孔子认为这样的祭典并不符合周礼，违逆了他对礼教的坚持，所以故意避而不谈。他说了不知道以后，又指着自己的手掌说："知其说者之于天下也，其如示诸斯乎！"意思是说，如果有人能说出禘礼的规定，那他就是个知道"礼"的人，对于治理天下的方法，就像是对自己的手掌一样清楚了。"了如指掌"，比喻对事情的状况非常清楚。

脚

汉字源流

甲骨文	金文	战国文字	篆文	隶书	楷书

此字始见于战国文字,左"肉"右"却"。篆文从肉,却声。从"肉",表示与人或动物有关;"却"表示音读,也兼有退却在后的意思。古人跪坐,脚退却在后。楷书从篆文来。在六书中属于形声兼会意。

本义为小腿,如"膑脚"(砍去膝盖骨及以下的刑罚)。泛指下肢,如"手脚灵活"。引申为与体力搬运有关、靠脚传递运输的,如"脚夫"。也指器具的底部,像脚一样支撑的部分,如"桌脚""床脚"。引申为物体的底部,如"山脚""墙脚"。用为量词,作为计算用脚踢、踹、踩的次数的单位,如"踢一脚""被踩了一脚"。

■ 脚踏实地

司马光在写《资治通鉴》的时候,每天凌晨就开始工作,到半夜才休息,丝毫不敢懈怠。怕睡太久耽误了工作,还特地做了一个枕头,让自己因睡得不安稳而时刻警醒过来。他对于书稿的要求也很严格,全部都用工整的正楷写好,一丝不苟。这种认真踏实的态度,受到了当时人们的赞赏。有一次,司马光问他的好朋友邵雍:"你认为我是一个怎么样的人?"邵雍就回答:"君实脚踏实地人也。"意思是你实在是个做事很踏实的人。这句话正是对司马光最贴切的赞美。后来"脚踏实地"就被用来比喻做事踏实稳健。

■ 手忙脚乱

唐朝末年的文偃禅师在开示信众的时候说:"开悟要及时,不能耽误,莫似一落汤螃蟹,手忙脚乱。"意思是不要等到报应当头了,才像一只掉到滚水里的螃蟹一样手脚忙乱。"手忙脚乱",就是慌张失措的意思。

■ 露出马脚

唐朝人将演戏时假装麒麟的驴子称为"麒麟楦"。人们会在它们身上披上外皮来伪装,但是如果没有掩饰好,马脚就会露出来。《朝野佥载》载,唐朝诗人杨炯常用"麒麟楦"来取笑当官的人。有人问他原因,杨炯说:"我们在玩麒麟楦的时候,把画的麒麟皮往驴子身上一套,外表上看起来的确很像,但是一把外皮拿掉,到底还是头驴子嘛!这不就跟那些没内涵却穿着光鲜亮丽官服的人一样吗?""麒麟楦"这种杂耍就是"露出马脚"的来源,比喻本来隐藏起来的真相暴露了。

■ 两脚书橱

南朝宋的陆澄读《易经》,读了三年还是不能完全读懂其中的意思。当他要撰写《宋书》时,更是不知道该从哪里着手。王俭因此就嘲笑他说:"陆公,书厨也。"意思是,陆澄虽然博学,知道的很多,可是却没有融会贯通,不过就是会走路的书橱罢了。后来,我们就把这类只知道背书却没有理解内容的人称为"两脚书橱"。

足

汉字源流

| 甲骨文 | 金文 | 战国文字 | 篆文 | 隶书 | 楷书 |

甲骨文之⾜，下从⽌，隶书定作"止"，像左脚掌之形，属象形，此表脚；上囗像鼓起的肉，即《说文》提到的"腓肠"，也就是小腿肚的意思，没有独立的形、音、义，只是一个实象而已。二者相合，正可表示人足之义。金文三例承自甲骨文。战国文字，下从之止，略异甲骨文、金文之形，差别不大；篆文足最似金文的足、足。字经隶书，形变作足，稍失其形。楷书沿之而定体。以上诸形都以止为形，附加实象的囗而成，据具体的实象造字。在六书中属于合体象形。

本义是人脚，如"足不出户"。引申为动物的下肢，如"画蛇添足"。引申为满足，如"知足常乐"。引申为可以、能够，如"足以自娱"。引申为值得，如"不足为外人道也"。引申为多，如"足智多谋"。引申为充裕或充分，如"丰衣足食""干劲十足"。比拟为足形可供支撑的东西，如"鼎足而立"。也假借为姓。

■ 削足适履

春秋时期，晋国的骊姬为了让儿子奚齐当上太子，设计害死了当时的太子申生，又挑拨晋献公跟另外两个儿子——重耳跟夷吾的感情，迫使他们四处逃亡。《淮南子》在评论这件事情的时候认为即使是父亲，受到坏人的挑拨离间，也会杀害亲生儿子。这种情况就像"削足而适履，杀头而便冠"，意为完全不顾实际状况，勉强迁就的不合理做法。"削足适履"比喻拘泥制度，却不知道变通。

■ 心满意足

西汉末年，甄丰投靠王莽，原本只是想攀龙附凤，没想到王莽竟然篡汉，自立为帝，还以甄丰等人为功臣，加官进爵。甄丰毕竟是汉朝的旧臣，对汉朝有些歉意，所以也不敢要求太多。《汉书》里有一句话："丰等爵位已盛，心意既满。""心意既满"就是描述甄丰受封高官，子孙也受到了恩惠，心里很满足。后演变成"心满意足"，形容心里非常满足。

■ 捷足先登

韩信的谋士蒯通，劝韩信背叛刘邦，自立为王，但是韩信并没有接受。后来，韩信被杀前，叹息着说："我真恨自己当初不采用蒯通的计谋。"刘邦听了，马上把蒯通抓来。蒯通说："秦朝失了政权，各路英雄都想称王，才能高、动作快的人方能争夺天下。（'秦失其鹿，天下共逐之，于是高材疾足者先得焉。'）韩信是我的主人，我尽忠于主是理所当然的，我有什么错呢？天下觊觎王位的人那么多，您难道要把这些人全都杀了吗？"蒯通对刘邦说的"高材疾足者先得焉"后来演变成成语"捷足先登"，用来比喻动作最快的人最先达到目的。

五感篇

視

聞

聽

视

汉字源流

甲骨文　　金文　　战国文字　　篆文　　隶书　　楷书

甲骨文上像"示",下像"目"。金文则变为左像"示",右像"见"。战国文字一个上"见"下"示";另一个左"示"右"见"。篆文从见,示声:从"见",表示观察;"示"表示音读,也兼表显示的意思。在六书中属于形声兼会意。《说文》又收有两个古文形体,一个从目,示声;另一个从目,氏声。隶书、楷书从战国文字、篆文而来。

本义为看,如"注视""凝视""审视""监视""视野""视而不见"。引申为察看、观察,如"巡视""视察"。引申为探望,如"视疾""省视老友"。引申为眼力,如"弱视"。引申为看待、对待,如"视如敝屣""视同路人"。引申为"示",显现、显示的意思,如"视必成之心"。假借为治理、处理,如"亲自视事"。也假借为姓。

■ 一视同仁

韩愈,字退之,祖籍昌黎,自称昌黎韩愈,人们也称他韩昌黎。他是唐代杰出的文学家,跟柳宗元并称"韩柳",两人当时一起提倡古文运动,希望一改六朝以来华美空洞的风气。韩愈很崇尚儒家思想里的"仁爱"。他曾经写了一篇文章叫作《原人》,溯源"人"的含义。里面就说,这个世界分成天、地、人三个部分。天在上,有日月星辰;地在下,有草木山川;而在中间的,就是人。人是夷狄禽兽之主,要让天地运行合乎常规,就必须施行仁义之道,不分种类、不分远近,这才是身为夷狄禽兽之主该有的行为。"是故圣人一视而同仁",意思是圣人看待万物时都把他们视作是平等的,不管是谁,都同样用仁道去对待他。"一视同仁",就是指平等待人,不分亲疏厚薄。

■ 虎视眈眈

《易经》是中国最古老的文献之一,它用阴阳的交替变化建立了一套系统来描述世界万物。最早用来占卜,对哲学、宗教、文学等方面也有很大影响。《易经》颐卦的卦辞:"虎视眈眈,其欲逐逐。"意思是,像老虎一样威严地注视着,希望自己可以敦厚正直,这样才不会惹来祸患。但是,后来"虎视眈眈"的意思变了,常被拿来指人心怀不轨,伺机掠夺。

■ 视死如归

春秋时期,周朝王室衰微,齐桓公以管仲为宰相提升国力,成为春秋五霸中实力最强大的一位。管仲做宰相的时候,曾经向齐桓公分析官员的才能优劣。他觉得隰朋擅长言辞进退,适合处理外交;宁戚可以开垦种植,应该担任大司田,管土地;王子城父善于领兵、冲锋陷阵,适合当大司马;宾胥无,判案公正,不会滥杀无辜,可以当大司理;东郭牙,不怕得罪君王,有话直说,可以当大谏之官,直言劝谏。

管仲说以上这五个人,专长都比自己强,如果是要富国强兵,靠这五位就够了,但如果要称霸诸侯,那就只有他才能帮齐桓公办到。齐桓公一一授予五个人官职,让他们听命于管仲。后来果然如管仲所言,在他步步经营之下,齐桓公成了诸侯霸主。"平原广牧,车不结辙,士不旋踵,鼓之而三军之士视死如归,臣不如王子城父",这是管仲对王子城父的形容,说他特别懂得怎么鼓舞士气,士兵一上了战场,就头也不回,抱着必死的决心奋勇杀敌。"视死如归",形容为了追求理想,不怕牺牲生命,无所畏惧。

闻

汉字源流

| 甲骨文 | 金文 | 战国文字 | 篆文 | 隶书 | 楷书 |

甲骨文字形像人跽坐而以手附耳，表示仔细聆听。金文形变，耳朵移至右下方，人字上又加三点饰笔。战国文字转为形声字，或作从耳、昏声，《说文》古文承此而来；或作从耳、门声，篆文承此而来。隶书、楷书皆承篆文字形而来。在六书中属于形声。

本义为听见，如"充耳不闻""博闻强记""闻鸡起舞""闻所未闻"。引申为听到的事或者消息、知识等，如"新闻""传闻"。引申为听说、知道，如"闻一知十""闻道有先后"。引申为著名、有名望，如"风流天下闻""不求闻达于诸侯"。再引申为名声、声誉，如"默默无闻"。假借为用鼻子嗅，如"闻香下马"。也假借为姓。

■ 孤陋寡闻

《礼记·学记》论述了学习的方法和当老师的道理，主张让学生循序渐进地学习，并互相学习彼此的长处。独自学习没有朋友的话，则会造成学识上的浅陋："独学而无友，则孤陋而寡闻。""孤陋寡闻"就是从这里来的，形容学识浅薄，见闻不广。

■ 置若罔闻

明朝万历年间，有人匿名写了一篇文章，对皇室继承人跟后宫问题胡乱推测，史称"妖书案"。祸连许多朝中大臣，惊动全国上下。

当时的大学士沈一贯跟礼部侍郎郭正域不和，"妖书案"发生后，就有人密告说可能是郭正域写的。沈一贯虽然知道以郭正域的为人不可能写下这种大逆不道的文章，但是因为一直对他有意见，就不替他辩护，任由消息传到皇帝耳中。明神宗非常生气，把郭正域关了起来，打算杀了他。许多大臣去向沈一贯说情，他才出面解除危机。当时有一位大学士认为沈一贯"只因心中恼他，置若罔闻"，不加理会，甚至利用情势顺水推舟，才会让这件事情扩大，连累无辜的人。"置若罔闻"表明虽然有所耳闻，却好像没有听到一样，不加理会。

■ 耸人听闻

宋朝宝祐年间，宦官、外戚乱政。当时有个叫作洪君畴的人被任命为御史，相当于现在的检察官。他一向敢于直言，认为身为御史应该以公正无私的心纠正君主的行为，并且还上呈奏章，说御史不但不可以袒护官员，也不可以袒护皇上。这种看法和当时官场的谄媚之风非常不同。《齐东野语》这本记载南宋旧事的书就说他写的奏章"固已耸动听闻矣"，意思是听到的人都非常惊讶，觉得不可思议。"耸人听闻"就从这里演变而出，表示人听到了一件事情以后，大为惊骇。

■ 百闻不如一见

汉宣帝时，羌人入侵边疆，攻城略地，残害无辜百姓。宣帝召集群臣讨论对策。大将军赵充国自告奋勇，表示愿意带兵抗敌。宣帝问他需带多少兵马，赵充国说："百闻不如一见。"意思是战况用听的不如看的，军情在这么远的地方，很难揣测。他需要亲自到现场，才能拟定作战计划。"百闻不如一见"，意思是听别人讲了千百遍也不如亲眼看一次来得真确。

听

汉字源流

甲骨文	金文	战国文字	篆文	隶书	楷书

甲骨文字形"聽"与"聖"同源，都以从人耳、从口会意。其后以从耳口为听字。金文字形或作从耳口，或加"壬"为声符。战国文字形变为从耳㥁、壬声。篆文、隶书、楷书皆承战国文字而来。在六书中属于形声。

本义为用耳朵接收声音，如"洗耳恭听""道听途说""旁听"。引申为听凭、任凭，如"听其发展""听其自便""听天由命"。引申为处理（政事）、审理（案件），如"听政"。引申为听从（命令、劝告）、接受（意见、教导），如"言听计从"。引申为等候，如"听差"。假借为量词，用于计算罐装的食品的数量的单位，为英语 tin 的音译词，如"两听奶粉""三听饮料"。也假借为姓。

■ 危言耸听

汉文帝统治时期，国泰民安，虽然和周朝初年的"成康之治"相比还存在不足，但要跟春秋战国以后相比，那是绰绰有余。可是贾谊却上疏给汉文帝，一开头就说："当今国事，可为痛哭者一，可为流涕者二，可为长叹息者六。"贾谊在他的奏章里把汉文帝时期的朝政写得非常糟糕，根本不像史实所呈现出来的那样。有人就认为贾谊是在"危言骇世，姑一快胸中之愤"，说贾谊就是故意要说这些惊人的话，抒发心里的不快。"危言耸听"就从这里来的，意思是故意说些夸大的话，让听的人觉得惊骇。

■ 洗耳恭听

许由是上古贤人，为人清高，不喜欢政治，但是因才德兼备，尧就想要把帝位让给他。许由当然拒绝了，还躲到箕山去隐居。后来，尧又想找他出来当官。许由一听，很不高兴，觉得听了这些话都会弄脏自己的耳朵，竟然马上就跑到水池旁边用水来洗耳朵。后来的成语"洗耳恭听"的意思就不同了，演变成恭敬地听别人讲话。

■ 言听计从

秦朝灭亡以后，紧接着就是楚汉相争。《史记》载，项羽眼看刘邦的势力一直在扩张，就派人去游说手握重兵的韩信，希望他能离开刘邦，投靠自己。可是韩信回绝了，他说："当初我跟着项羽，不受重用，官位低，提出来的意见也不被采用，所以才会投奔刘邦。跟着汉王就不一样了。他赏识我的才能，把军队交到我的手上，对我极其重视，我说的话他都会认真采纳，'言听计用'。正因为这样，我才能有今天的地位。"韩信说的"言听计用"后来演变成"言听计从"，意思是对某人说的话、出的计谋非常地信任，并且遵从。

■ 垂帘听政

古代帝制社会常常会有继位的皇帝年纪太小这一问题，此时太后就会帮着处理政务。这种制度叫作"临朝称制"，是汉朝初年吕后创立的。到了唐朝武则天临朝时因为男女之防的问题，在座位的前面加了一个帘子。所以，太后临朝又称为"垂帘听政"。

■ 听天由命

孔子的后代孔臧有一篇《鸮赋》，借着屋顶上聚集了不祥的鸮来说明吉凶祸福的道理。他认为："祸福无门，唯人所求，听天任命，慎厥所修。"这个祸福本来是无可依循的，还不如就听凭天意吧。"听天由命"就从这里演变而来，指顺从天意跟命运的安排，自然地发展。

甘

汉字源流

| 甲骨文 | 金文 | 战国文字 | 篆文 | 隶书 | 楷书 |

甲骨文之⊟，像口含物之形，金文、战国文字、篆文之形承之，都据具体的实象造字。在六书中属于象形。战国文字又有一形，以块形象所含之物，仍属象形。篆文⊟经隶书变体作甘，违离原形，楷书沿之，也就不易了解其初形了。

本义是美味，如"甘甜"。引申为乐意，如"心甘情愿"。引申为欢乐、顺境，如"同甘共苦"。引申为适时的，如"甘霖"。也假借为姓。

■ 苦尽甘来

"苦尽甘来"说的是苦日子已经到头了，再来就是好日子了。在说唱文学《刘知远诸宫调》里，刘知远在落魄潦倒的时候被李文奎收留，并娶了李文奎的女儿三娘为妻。李文奎死后，刘知远一家受到三娘兄嫂的排挤欺负，他难以忍受便决定从军。经过一番努力，刘知远终于建功立业，把妻子三娘接出来。三娘被接到刘府中，感叹说："刘郎豪贵，独掌九州岛元帅，方知是苦尽甘来。"丈夫离家十三年，她从来没想到会有拨云见日的一天，一直忍耐着，直到现在才知道苦日子就要过去了。"苦尽甘来"指困苦的处境已经结束了，渐入佳境。

■ 甘之如饴

越王勾践被吴王夫差打败之后，一直忍辱负重，希望有天能够雪耻复国。他为了随时提醒自己亡国之恨，每天尝苦胆，过着艰苦的生活。同时，他积极讨好夫差，降低夫差对越国的戒心，以便获取他的信任。例如，勾践知道夫差喜欢轻薄的衣服，就让人民去采葛，织成布料，献给夫差。这些行为果然让勾践获得了夫差的信任。采葛的妇人知道勾践是为了复国雪耻，用心良苦，就写了《苦之诗》来称颂自己的君王，里面有两句就写道："尝胆不苦甘如饴，令我采葛以作丝。"意思是勾践一直鞭策自己，逼自己尝那么苦的胆，好像是在吃糖一样，还为了讨好夫差，让我们去采葛。"甘如饴"后来演变成"甘之如饴"，形容乐意承担辛苦的事情，或是身在困境却能够甘心接受。

■ 咽苦吞甘

关汉卿的杂剧《蝴蝶梦》写的是北宋时有个老人被恶霸打死了，老人的三个儿子为了替父报仇，合力打死了恶霸，到衙门自首。包拯在审理这个案子的时候，儿子和母亲都争着认罪。包拯看了，就决定只判一个人的罪，其余的开释。但是当他要定罪大哥、二哥的时候，母亲都不答应，直到要判小儿子，母亲才同意。

母亲对小儿子说：尽管我"咽苦吞甘"，吃尽甘苦生下你，但是却不能让大哥、二哥入狱啊，免得别人说我是不分善恶的恶毒妇人。包拯就觉得不对劲，仔细审问以后才知道，原来大哥、二哥是前妻所生，小儿子才是现在这个母亲亲生的。包拯大为感动，结果就让另外一个死囚顶罪了。"咽苦吞甘"这个成语形容历尽甘苦，非常艰辛。

触

汉字源流

| 甲骨文 | 金文 | 战国文字 | 篆文 | 隶书 | 楷书 |

金文左像角，右像"蜀"。篆文从角，蜀声：从"角"，表示与动物有关；"蜀"表示音读。隶书、楷书都从篆文来。在六书中属于形声。

本义为动物用角顶撞，如"羝羊触藩"（《易经·大壮卦·九三》）。引申为碰撞，如"碰触""触礁"。引申为接触、相交接，如"触摸""触电""一触即发"。引申为碰见、遇到，如"触景生情"。引申为感动、引发，如"感触""触动"。引申为干犯、冒犯，如"触犯"。也假借为姓。

■ 触类旁通

"触类"出自《易经·系辞上》，说占卜的时候，最基本的八个卦只能说是初步完成的卦象。如果这八个卦互相配合引申成六十四卦，然后再借由掌握这些卦象的阴阳变化来理解其他类似的事情，"触类而长之"，那么就可以了解世界万物了。"触类"，就是遇到类似的情况。

"旁通"是从《易经》的乾卦来的。乾卦是六十四卦中的第一个卦，象征着天，是万物的起源。"刚健中正，纯粹精也。六爻发挥，旁通情也。"乾卦是个阳刚的卦，而且在这个卦里，包含万象，所以如果把这个卦诠释到淋漓尽致，甚至可以旁通其他的六十三卦。"旁通"就是从这里来的。"触类""旁通"合并，意思是根据自己已经理解的事情进而掌握其他类似的事物。

■ 一触即发

李开先是明代文学家、戏曲家。他的朋友张龙湖曾经把自己的毕生之作——《原命》以及《原性》这两篇文章托付给他，希望传于后世。二十几年来，他一直把这个请托谨记在心。后来，李开先在《原性堂记》中记载说他有一间屋子，本来叫作"面山"，有一次，家里来了客人问他说："你怎么不把屋子的名字改成'原性'呢？"李开先一听，想起了和张龙湖的往事，就欣喜地把屋子的名字给改了。他说自己是"予方有意，触而即发"，自己内心一直记挂着这件事情，经过这个客人的提点，马上就被触发了。"触而即发"本来是一经触动，立刻就做出反应，后来演变成"一触即发"，用来比喻很紧张的情势或危险的时刻。

人生篇

人 — 生 — 老

汉字源流

| 甲骨文 | 金文 | 战国文字 | 篆文 | 隶书 | 楷书 |

甲骨文、金文都像人侧面直立之形，有头、手、肩、身和脚，据具体的实象造字。在六书中属于象形。战国文字作𠔃，形变不大；篆文将手延长，渐离原形；隶书作人，形变更大，楷书沿之，也就不易了解其初形了。

本义是有高度智慧和灵性的动物，如"人类"。引申为别人，如"人云亦云"。引申为成年人，如"长大成人"。引申为一般人，如"才情过人"。引申为人力，如"人定胜天"。引申为人品、声誉，如"文如其人"。引申为嫌犯，如"人赃俱获"。引申为人造的，如"天灾人祸"。比拟像人形的东西，如"人参"。也假借为姓。

■ 庸人自扰

唐朝蒲州刺史陆象先为人处世很有气度，常言"天下本无事，庸人扰之为烦耳"，意思是天底下其实没什么大不了的事，都是一些庸庸碌碌的人在自寻烦恼，才让事情变得越来越复杂。如果在事情刚发生的时候就能冷静面对，一切就会变得简单得多。在他担任刺史的时候，他就把这样的理念贯彻到政事当中。有一次，小官犯了错，他只训斥了几句就让他离开了。陆象先为政合乎常理人情，从不"庸人自扰"，无论是百姓还是官吏，都对他充满感念。"庸人自扰"，比喻人无端自寻烦恼。

■ 先发制人

秦朝末年，陈胜、吴广起义，会稽郡守殷通跟项梁说："浙江以西都已经造反了，这是上天要亡秦国。我曾听人说过'先即制人，后则为人所制'，凡事都应该先下手取得先机，才能制伏对方。所以我也想趁机发动军队抗秦，并请您统率军队。"可是项梁不想跟殷通合作，所以就联合项羽用计把殷通杀了，接管了殷通的军队，成为日后抗秦的基础。"先即制人，后则为人所制"就变成成语"先发制人"，比喻先下手取得先机。

■ 旁若无人

战国时期，荆轲到燕国游历的时候结识了擅长音律的高渐离，二人常常一起到燕国的街市上喝酒。喝到有点醉的时候，高渐离就击筑，荆轲以歌声相和，弹唱一会儿又哭了起来。两个人又唱又哭，《史记》就记载说："旁若无人者。"好像旁边都没有人一样。"旁若无人"，形容言行举止一点顾忌也没有。

生

汉字源流

| 甲骨文 | 金文 | 战国文字 | 篆文 | 隶书 | 楷书 |

甲骨文之业，由"中"和"一"构形。"中"是初生之草，独体象形；"一"表示土地，没独立的形、音、义，只是一个不成文的实象而已。"中"置于"一"上则表示生长的意思。金文二例，其一承自甲骨文。另一作生，由"屮"和"土"构形，则属会意。因土字金文有作土，也有填实作土。战国文字三例，或据合体象形构形，或据会意造字。篆文生，显然承自金文、战国文字，从土、从屮而来。字经隶书，体变作㞢、生，前者尚留篆文之形，后者少了右侧中枝，颇失其形。楷书即据隶书第二例以定体。据楷书"生"形，上推隶书以前古文字，应由屮和土构形。在六书中属于异文会意。

本义是生长。引申为长出，如"生虫"。引申为出生，如"诞生"。引申为生育，如"不重生男重生女"。引申为产生，如"惹是生非"。引申为富有生命的，如"生龙活虎"。引申为生命，如"舍生取义"。引申为活着，如"生不如死"。引申为维持存活的手段，如"以务农为生"。引申为不煮熟的，如"生鱼片"。引申为不熟悉的，如"陌生人"。引申为不熟悉的人，如"欺生""怕生"。引申为一辈子，如"今生""来生"。指没经加工或锻制的，如"生铜"。也用来指读书人，例如"儒生""书生"。引申为学生，或是学习的人，"考生""实习生"。传统戏曲里，男性角色，统称为"生"，像是"小生""老生""武生"。也假借为姓。

■ 老蚌生珠

东汉时，一个名叫韦端的大将军与当时赫赫有名的孔融交情很好。孔融在《与韦端书》中说道："前几天您的大儿子来访，我看他学问高深，才华横溢，将来一定是个能成大业的人才。

昨天您的小儿子又来访，资质聪敏，性情敦厚，也一定能继承家业，光耀门楣。真没想到这样一对珍珠，竟然出自你这个年纪已高的老蚌身上（'不意双珠，近出老蚌'）。""老蚌生珠"比喻老年得子。

■ 熟能生巧

欧阳修曾经写过一个寓言故事，说有个叫陈尧咨的人，以善于射箭自豪。有天他正在练习，十支箭里面有八九支射中目标。旁边卖油的老翁看到了，只是微微点头。陈尧咨问："你也懂射箭吗？我射箭的技术不够好吗？"老翁回答："只是熟练而已。"陈尧咨听了很生气，觉得老翁在轻视他。这时候，老翁拿出一个葫芦放在地上，葫芦口上放了一枚铜钱，接着舀了一勺油，倒入葫芦里，这油一滴不漏地全都从铜钱的孔中穿过去，完全没沾到铜钱。接着他说："我亦无他，惟手熟尔。"意思是我也没有什么特别的，只是熟练而已。"熟能生巧"的意思是做事熟练了，自然能领悟出其中的窍门。

■ 栩栩如生

在《齐物论》里，庄子说他曾经做了一个梦，在梦中他"栩栩然胡蝶也，自喻适志与！不知周也"。直到清醒过来，庄子才发现自己原来还是庄周，不是蝴蝶。因为梦中他变成的蝴蝶是如此"栩栩如生"，所以庄子就好奇了，这到底是庄周做梦变成了蝴蝶，还是蝴蝶做梦变成了庄周？"栩栩如生"，形容很逼真，像是真有生命一样。

老

汉字源流

| 甲骨文 | 金文 | 战国文字 | 篆文 | 隶书 | 楷书 |

甲骨文二例，像老人持杖之形。金文则改杖为匕。战国文字承金文而来。因今之老字，源自篆文，故特以此为说。篆文老作𦒻，由尸、毛、匕三字构成。三字隶书定作人、毛、匕，毛代表人的须发，人表示主体，匕是化的初文，代表变化。三字相合，以表须发变白，而这正是老人的特征。"老"和人、毛、匕没声音关系，在六书中属于异文会意。

本义是"老人"，如"尊老敬贤"。引申为敬辞，尊称年长之人，如"张老""李老"。引申为富有经验的，如"老于世故"。引申为技艺熟练的，如"老手"。引申为年代久远的，如"老街""老店"。引申为原有的，如"老本行""老样子"。引申为长久的，如"老主顾""老朋友"。引申为深、暗，如"这颜色太老了"。引申为很、非常，如"老土""老奸巨猾"。引申为疲惫，如"师老无功"。引申为终老，如"隐于山林，老于乡里"。引申为终极，如"地老天荒"。也假借为姓。

■ 老当益壮

东汉马援曾经奉命押解重刑犯到司命府，可半路上马援却因为怜悯那个囚犯而放了他。因害怕被追究责任，他逃到北方去避祸。后来虽然遇到了特赦，免除了罪责，他还是没有回到家乡，而是留在北方。在游牧的时候，他常跟路途上遇到的人们说："丈夫为志，穷当益坚，老当益壮。"意思是，处境越是艰困，就越应该坚强；年纪越大，就越应该强健。他说给别人听，也是为了勉励自己。后来，他投效东汉光武帝刘秀，立下了汗马功劳，成为大将军。"老当益壮"，比喻年纪虽大，但身体强健，志气豪迈。

■ **老生常谈**

三国时期，魏国有个人名叫管辂，从小就对天文、星象、占卜很有兴趣，熟读《周易》，通晓占卜。有一次，吏部尚书何晏请管辂到家里替他占卜，尚书邓飏也在场。何晏跟管辂说："请你帮我算算，我有没有升官的机会？我最近常梦到数十只苍蝇，往我鼻子上飞，不知是什么预兆？"管辂听了，就讲了一套仁义道德的道理，并且告诉何晏，只要依照先古圣贤的主张行事，就能名列三公，苍蝇也可以马上驱除掉了。一旁的邓飏听了，就说"此老生之常谭"，意思就是都是一些大家已经知道的事情。"老生常谈"，比喻时常听到，了无新意的老词儿。

■ **倚老卖老**

"倚老卖老"就是仗着自己年纪大卖弄阅历，有瞧不起人的意思。在戏曲、小说里面常常可以看见这样的用法。元杂剧《谢金吾诈拆清风府》写的是宋真宗的时候金国奸细王钦若要陷害忠义杨家。第一折中，王钦若擅改诏书，派自己的女婿谢金吾去拆毁象征杨家忠义的清风楼。途中谢金吾遭到佘太君的制止，谢金吾不但没有敬老尊贤，还口出狂言，说："你这个老太婆，真是不知好歹。我本来不想跟你争辩，没想到你倚老卖老，就唠唠叨叨地没完没了。还是快点滚开，不要阻止我拆了清风楼！"这里头就用了"倚老卖老"故意辱骂佘太君。

■ 老奸巨猾

李林甫是唐玄宗时候的宰相，个性奸诈，常常面上对人说好话，背地里又陷害他。《资治通鉴》记载说："虽老奸巨猾，无能逃于其术者。"像李林甫这种百般算计之人，就连人生经历丰富、非常狡猾的人都无法幸免。"老奸巨猾"，形容人世故老练、奸诈狡猾。一个人活着的时候权倾天下，死后却落得一句"老奸巨猾"，真是何苦！

病

汉字源流

| 甲骨文 | 金文 | 战国文字 | 篆文 | 隶书 | 楷书 |

此字始见于战国文字。战国楚系文字作𤕫，从疒，方声。"疒"为病人倚靠床上的样子，在此作为形符，表示义与病痛有关；"方"为方国，于此仅作为不示义的声符，表示音读。战国秦系文字作病，从疒，丙声。"丙"为插旗的磐石，于此也仅作不示义的声符，表示音读。方、丙同类双声，作为声符可互通。篆文、隶书和楷书字形皆和战国秦系文字同形。在六书中属于形声。

本义为伤痛严重，而后泛指生物体发生不健康的现象，亦指生理或心理方面产生不正常的状态，如"疾病""心病"。引申为生病、患病，如"病了三天"。由生病而引申为有病的，如"病容""病人"。由不健康而引申为瑕疵、短处，如"语病""通病"。

■ 病入膏肓

《左传》载，春秋时期，晋景公曾经做梦梦见有恶鬼来向他索命，梦醒以后他就病了。病重的时候，四处寻医，也请求秦国派良医来帮他看病。秦桓公知道了，就派一个叫缓的大夫来帮他看病。在缓要来的途中，景公又做了一个梦，在梦里，他的疾病化成了两个小孩，其中一个说："缓是个良医，我怕他一来，我就要死了，该逃到哪里好呢？"另一个说："只要躲到心脏跟膈膜之间，他就奈何不了我们了。"果然，等缓到了晋国，看完景公的病情，就说："在肓之上，膏之下，攻之不可，达之不及，药不至焉。"意思是病入膏肓了，不管吃药或针灸都没有用，这个病治不好了。过了不久，景公就过世了。"病入膏肓"

就是说一个人病重，无药可救，也比喻事情已经到了无可挽回的地步。

■ **丧心病狂**

"丧心"与"病狂"分别来自不同的出处。"丧心"的典故在《左传》。春秋时期，鲁国使节叔孙婼到宋国访问，要迎娶宋元公的女儿。宴会上，大家正喝酒喝得过瘾时，不知为何，宋元公跟叔孙婼竟然在旁边突然哭起来了。一旁的乐祁见此情形，就说："国君和叔孙婼，恐怕活不长了。我曾经听人说：应该伤心的时候却高兴，应该高兴的时候却伤心，都是一个人丧失了心性（'哀乐而乐哀，皆丧心也'）。这还怎么能活得久呢？"

"病狂"则是来自《汉书》。汉朝的扶阳侯韦贤生了四个儿子，他原本想让二儿子韦弘当继承人，但是韦弘认为弟弟玄成比自己优秀，所以就故意犯错，让自己被关在牢里。恰巧这个时候韦贤重病而亡，门生和族人干脆就假传他的命令，告诉朝廷说他的小儿子玄成是爵位继承人。玄成接到父亲去世和继承爵位的消息后非常难过，可是他知道这不是父亲的本意，于是就假装生病发狂，在床上大小便，胡言乱语（"阳为病狂，卧便利，妄笑语昏乱"），拒绝继承爵位。这就是"病狂"的由来。"丧心病狂"指一个人没了理性，举止反常；也形容人残忍可恶到了极点。

■ **无病呻吟**

宋代词人辛弃疾写了一阕《临江仙》，有两句说："百年光景百年心,更欢须叹息,无病也呻吟。"意思是回想自己过去几十年的生命历程,虽然有过很多快乐的时光,如今却都被叹息给取代了,就算没有生病,也常常唉声叹气。"无病呻吟"就是从这首词来的。现在大多用来比喻人无端烦恼、发牢骚或者装腔作势。

死

汉字源流

| 甲骨文 | 金文 | 战国文字 | 篆文 | 隶书 | 楷书 |

甲骨文作𣦵、𣦻，从人（或从尸）、从歺。从人、从尸，义近通用。歺（占）像残骨，尸像垂手跪地之人，祭吊于朽骨之旁。在六书中属于异文会意。战国文字"死"字写法多样，仍从歺、从人会意，与篆文构形同。篆文又继承甲骨文、金文、战国文字一脉之字源。战国中山王墓《兆域图》"上博简"之《缁衣》中的构形把"人"挪移到"歺"，写作𣦵、𣦻，正是古文所承。隶书、楷书则为承篆文之隶变。《说文·死部》曰："死，澌（厶，尽）也，人所离也，从歺，从人。"又"歺，古文死如此。"从歺，像残骨骨骸；从尸，像人跪地祭吊，本义为死亡、生命结束。在六书中属于异文会意。本义为丧失生命、生命结束，如"死者""死亡""枯死""生死存亡""寻死觅活""鸟之将死，其鸣也哀；人之将死，其言也善"（《论语·泰伯》）。引申为丧失生命之事物，如"死狗""死人""野有死麕，白茅包之"（《诗·召南·野有死麕》）。引申为拼命、不顾惜生命，如"死守""决一死战""为人性僻耽佳句，语不惊人死不休"（唐·杜甫《江上值水如海势聊短述》）。引申为达到极点，如"痛得半死""高兴死了""笑死人了"。引申为呆板、不灵活，如"死板""死心眼""死脑筋""一潭死水""死记硬背"。引申为不可调和，如"死敌""死对头"。引申为失去知觉，如"哭死过去"。引申为失去作用或效力者，如"死棋"。也假借为姓。

■ 死灰复燃

西汉时期，梁孝王很器重韩安国，让他担任中大夫。后来，韩安国因为犯法坐牢，当时的狱吏田甲对他百般羞辱。韩安国受到这样的对待，自然心里非常生气，就跟田甲说："灰烬就不会有再烧起来的一天吗？（'死灰独不复然乎？'）我只是一时落难，总有一天还会东山再起的。"然而田甲却回答："如果死灰又复燃的话，那我就撒尿把它浇熄。"没过多久，梁国的内史官有了职缺，朝廷又再度重用韩安国。田甲得知这个消息，害怕韩安国会向他报复，就慌张地逃跑了。可是，韩安国不跟他一般见识，找到田甲以后，不但没有惩罚他，反而很有气度地原谅了他。"死灰复燃"，比喻已经平息的事物又重新活动起来。

■ 起死回生

扁鹊是战国时期的名医。有一天他经过虢国，听说虢国太子猝死，就来到宫门前，向侍从打听原委。他得知了太子的病，又听说他断气还不到半天，就说自己可以救回太子。虢国国君听到消息，马上把扁鹊请入宫中。扁鹊让弟子准备好医疗器具，帮太子针灸。没过多久，太子果然就醒过来了。在扁鹊的吩咐之下，太子服药调理了二十天，竟然完全康复了。经过这件事情，所有人都说扁鹊能让死人复生，扁鹊却说："越人非能生死人也，此自当生者，越人能使之起耳。"意思是说："不是我能让死人复生，是这人本来就有机会存活，我只是把他救回来了。""起死回生"，比喻医术高明或扭转毫无希望的情势。

■ 死有余辜

《汉书》记载，汉代的路温舒是当时监狱中的狱官，为人勤学不倦。汉宣帝刚即位的时候，路温舒就上疏建议宣帝要以仁德施政，减缓犯人的刑期。他认为天下不太平就是因为狱官执法太严苛，这跟秦朝灭亡的原因一样。现在的狱官大多太草率、不人道，他们一方面怕执法有过失，受处分，另一方面为了顺利结案，又对捉到的嫌犯严刑逼供。受不了刑罚的人，只能勉强认罪。用这种手法得来的供词，很容易让大家觉得招供的人就是犯人，不管是谁来断案，都会觉得犯人罪恶深重，死都不能抵罪。

"盖奏当之成，虽咎繇听之，犹以为死有余辜。"所以，路温舒期望宣帝可以听取各方谏言，废除重刑，让天下回归太平。"死有余辜"，形容一个人所犯的重罪连死都不足以偿清他的罪孽。

残

汉字源流

| 甲骨文 | 金文 | 战国文字 | 篆文 | 隶书 | 楷书 |

残本作"戔"，甲骨文作🗡、🗡，两戈相向，相互残杀之义。《说文·戈部》曰："戔，贼也。从二戈。《周书》曰：'戋戋巧言也。'（今本《书经·秦誓》作'截截善谝言'。）"戔为"残"之初文。战国文字作𢧵，从二戈左右并列，与上下重叠同义。在六书中皆属于同文会意。后借为戋戋巧言之义，转注为从歹、戔声的残字，表示残贼的意思。《说文·歹部》曰："残，贼也。从歹、戔声。"歹甲骨文作🦴，像残骨骨架，从歹之字多表残败之义，故从歹凸显伤害的意思；从戔，表示音读，兼表相残的意思，本义为残贼、毁坏。在六书中属于形声兼会意。

本义为伤害、毁坏，如《墨子·天志下》："入其沟境，刈其禾稼，斩其树木，残其城郭。"常见词语如"残害""残杀""摧残""骨肉相残"。引申为凶恶、凶暴，如"残忍""凶残""残暴""残酷无情"。引申为杀、杀戮，如"残民以逞"。引申为缺损、不全，如"残破""残废""残损""老弱病残""断简残编""断垣残壁""苟延残喘""抱残守缺"。引申为剩余，如"残渣""残留""残局""残冬""残阳""残雪""残兵败将""风烛残年""荷尽已无擎雨盖，菊残犹有傲霜枝"（宋·苏轼《赠刘景文诗》）。

抱残守缺

秦朝时期，秦始皇下令焚书坑儒，很多书都被烧掉了，只好靠口耳相传还原当初的经典。到了汉代，有人在孔子故居找到了一批用先秦古文字写成的经典，因此开始有了经书版本的正统之争。有人说口耳相传的版本，也就是今文经，才是正统，有人说在孔子故居找到的古文经才是正统。这就是史上的"今古文之争"。

汉代的许多学者都参与到这场争论之中。其中有一位学者名叫刘歆，他继承了父亲刘向的事业，把皇宫中从天下各地收集来的书籍加以整理，完成了《七略》这本国家藏书目录，也可以说是中国目录学之始。他是古文经的支持者。《汉书》记载，汉哀帝在位的时候，刘歆建议应该把古文经立为官学正统，可是遭到今文经学者的反对。所以他常常上疏来坚持自己的主张。他认为经过了朝代更迭、战火洗礼，现在流传的经书内容都残缺脱落，错误很多。后来陆续发现的《古文尚书》《逸礼》《左氏春秋》这些用古文写成的经书才是经书真正的样子。必须以古文为根据，来改正今文的错误才行。如果还因为利益上的私心，想要固守这些残破不全的经文，不去改正，难道不可悲吗？（"犹欲保残守缺，挟恐见破之私意。"）"抱残守缺"，比喻固守旧有事物或思想，不懂得改进变通。

■ 风烛残年

"风烛""残年"分别来自不同的出处。"风烛"，就是"风中之烛"，在风里摇晃的烛火，随时都有可能被吹熄，所以就用来比喻身体孱弱，生命即将消逝。古诗《怨诗行》里面就写道："天德悠且长，人命一何促。百年未几时，奄若风吹烛。"感叹人的生命脆弱短暂，随着时光流逝，像是风中的烛火一样，岌岌可危。

"残年"则出自《列子》。相传太行、王屋这两座山，本来在河南、汉水之间，愚公就住在两座山的北边。这两座大山阻挡了居民的出入，所以九十高龄的愚公就率领家人带着铲子想把山给铲平。住在附近的智叟看了就笑他傻，阻止他说："以残年余力，曾不能毁山之一毛；其如土石何？"意思是说愚公啊，你都九十岁了，还能活的日子本来就不多，不可能移动两座大山。不过，愚公还是继续坚持下去，终于感动天帝，把两座山给移走了。"风烛""残年"合并在一起，用来形容身体衰弱、不久于世的晚年。

情感篇

喜 — 樂 — 惡

喜

汉字源流

| 甲骨文 | 金文 | 战国文字 | 篆文 | 隶书 | 楷书 |

甲骨文字形从壴，从口。"壴"是鼓的初文，像鼓陈列在鼓架之上，表示击鼓为乐，欢乐而喜的意思；从口，表示欢乐的心情。从金文到楷书都承甲骨文字形而来。《说文》古文或从欠作"歖"，从口、从欠意义相通，都表示喜悦的意思。在六书中属于异文会意。

本义是快乐、高兴，如"喜出望外""欢喜若狂""喜上眉梢"。引申为值得高兴或庆贺的，如"喜事""喜讯"。再引申为值得高兴或庆贺的事，如"双喜临门""报喜""贺喜"。引申为妇女怀孕，如"有喜""害喜"。引申为爱好，如"喜好""喜爱""好大喜功"。引申为适合于，如"喜光植物""海带喜荤，不宜素食"。也假借为姓。

■ 沾沾自喜

《史记》记载，窦婴是西汉窦太后的堂侄，他曾经因为与太后意见不合而触怒过窦太后，不但被除籍，还不能朝见天子。但是后来发生了"七国之乱"，吴王、楚王起兵造反，时局危急，景帝一时之间找不到能用的人，只好请窦婴出来当大将军，处理叛乱。从此以后，他就受到了重用，除了被封侯，还当上了太子太傅。然而四年以后，太子被废，窦婴虽然极力劝说，却都不被采纳，只好称病辞官。宰相桃侯辞官的时候，窦太后曾经想请窦婴来继任，汉景帝却不赞成。他认为窦婴这个人过于自满，很容易就"沾沾自喜"，而且行事轻率，不是一个能重用的人。"沾沾自喜"，形容自得自满的样子。

■ 喜出望外

宋神宗在位的时候,王安石提倡改革,拟定新法。苏轼虽然赞成改革,却反对王安石的手段跟政策,所以上疏给皇帝,表示新法还有缺陷,并不适合采纳。苏轼因此得罪了以王安石为首的改革派,又得罪了完全反对改革的守旧派,在政治上很失利。他被连贬数州,最远被贬到海南岛。在他被贬谪的那段日子里,他跟老友李之仪通信,里面写道:"我们八年没有见面了,最近却常常收到您的来信,让人喜出望外啊!""喜出望外",表示因为意想不到的事而感到欣喜。

乐

汉字源流

| 甲骨文 | 金文 | 战国文字 | 篆文 | 隶书 | 楷书 |

甲骨文字形上像鼓，下像鼓架，据具体实象造字。金文或作㲀，与甲骨文构意相同，只是鼓架的形体稍有不同而已。金文另外又增白作㲽，使其上像大鼓、小鼓的样子。战国秦系文字承金文㲽之形，而楚系文字将鼓架增饰笔作㲾。篆文则将鼓架变作"木"，而为隶书、楷书之所本。在六书中属于独体象形。

音读 yuè，本义为乐鼓，引申为规律、和谐而动人的声音，如"音乐""乐曲"。《乐经》为六经之一，相传亡于秦火，如《庄子·天运》："孔子谓老聃曰：'丘治《诗》《书》《礼》《乐》《易》《春秋》六经。'"也假借为姓。

另音 lè，义为欢喜、愉悦，如"快乐""欢乐"。引申为愉悦的事或态度，如"乐在其中""人生一大乐事"。也引申为声色的情事，如"吃喝玩乐""及时行乐"。因快乐使人心情愉悦，故引申为笑，如"逗乐""傻乐"。快乐为人所爱，故也引申为喜爱，如"乐善好施"。

■ 乐不思蜀

三国的蜀汉灭亡之后，后主刘禅被挟持到了魏国的洛阳。刘禅对亡国一点悔恨、悲哀都没有，每天只知道吃喝玩乐。《汉晋春秋》记载，有一天司马昭设宴招待刘禅，故意派人演出蜀国的歌舞杂要，刘禅的随从们看到家乡戏都想到了亡国的羞辱和哀痛，忍不住伤心流泪，只有刘禅还是一样嬉笑自如。司马昭看了之后，对旁人说："这个人竟然无情到这种地步！就算是诸葛亮没死，也没办法扶持这种人的。"几天以后，司马昭问刘禅："你会不会想念故乡？"刘禅想也没想就回答："在这里很快乐,一点也不想念蜀国。('此间乐,不思蜀。')"后来郤正跟刘禅说:"陛下怎么能说不想念故乡呢?如果司马昭再问,你就哭着说:'先人陵墓,远在蜀地,没有一天不想念的。'"之后司马昭果然又问刘禅,想不想念蜀国啊,刘禅就照着郤正的建议说了一遍。司马昭听了故意说:"你这话怎么跟郤正说的一模一样?"刘禅大吃一惊,睁大眼睛说:"对啊,这就是郤正教我说的。"大家听到,都忍不住笑了出来。"乐不思蜀",形容快乐得忘本了。

■ 乐不可支

《后汉书》记载,东汉的张堪曾经跟大司马吴汉一起讨伐在蜀地自立为王的公孙述。公孙述战死后蜀国也投降了,吴汉就让张堪先进入成都,安抚官吏百姓。张堪进城以后,严守本分,把公孙述收藏的珍珠、宝玉全部登录在簿册里上呈朝廷,一点儿都没有私藏或占为己有。他为官清廉,卸任离职的时候身上只有简单的布包袱,坐着破旧的车子就离开了。他在担任渔阳太守的时候,把渔阳治理得很好。他开垦稻田,教导百姓耕种技术,让当地人民富裕起来,于是民间就流传着一首童谣,说:"桑无附枝,麦穗两岐。张君为政,乐不可支。"称赞张堪的施政,让当地人民生活得非常快乐。"乐不可支",后来就被用来形容快乐到了极点。

■ 乐而忘返

造父是西周时期擅长驾驭车马的好手,他也因此得到周穆王的宠信。他得到好马以后，会先加以驯化，然后献给周穆王。周穆王把这些良马配上好的马车再让造父替他驾驶，然后无忧无虑地在西边狩猎、游玩（"西巡狩，乐而忘归"）。后来周穆王听说徐国造反，急得不得了，造父驾车日奔千里，让周穆王赶回去及时发兵才平定了乱事。后来"乐而忘归"演变成"乐而忘返"，意思是快乐得忘了回去。

恶

汉字源流

| 甲骨文 | 金文 | 战国文字 | 篆文 | 隶书 | 楷书 |

此字始见于战国文字。从战国文字、篆文到隶书、楷书，形构都是从心，亚声；以心表示与心境相关，亚表示音读。在六书中属于形声。

音读è，本义为罪过、坏事、不良的行为，如"罪恶""作恶多端""惩恶扬善""嫉恶如仇"。也用来形容坏的、不好的，如"邪恶""恶毒""恶行恶状"。也用来形容粗劣的，如"恶衣恶食"。也表示丑陋的，如"状貌甚恶"。也表示凶猛、凶狠，如"恶疾""恶犬""恶霸"。

另音wū，在文献里用为如何、怎么，如"恶能""恶得"。也用作叹词，表示惊讶的语气，如"恶，是何言也！"(《孟子·公孙丑上》)

另音wù，表示憎恨、讨厌的意思，如"厌恶""深恶痛绝""好恶之心"。也表示羞耻、耻辱，如"羞恶之心"。引申为惧怕，如"曲木恶直绳，重罚恶明证"(《潜夫论·考绩》)。也表示毁谤、中伤，如"人之有技，冒疾以恶之"(《尚书·秦誓》)。

另音ě，表示不舒服、反胃想吐，如"恶心"。

■ 好逸恶劳

《吕氏春秋》是一本综合春秋战国以来各家学术思想的著作，内容包括天地人物。其中有一篇提到了人的四种欲望、四种厌恶："人之情，欲寿而恶夭，欲安而恶危，欲荣而恶辱，欲逸而恶劳。"人都想要长寿，讨厌短命；想要平安，讨厌危险；想要尊荣，讨厌屈辱；想要安逸，讨厌劳动。"欲逸而恶劳"演变为"好逸恶劳"，形容贪图安逸，不想劳动。

■ 怙恶不悛

《左传》记载,春秋时期,相邻的陈、郑二国,因为时常发生争端,关系交恶。郑国向陈国提出请求,希望陈国能答应和平共处。当时,陈桓公的弟弟五父进谏说广结善缘是很重要的事,建议接受讲和。但是陈桓公却认为其他国家才是难以对付的敌手,郑国算不了什么,拒绝了郑国的讲和。后来,郑国就派兵入侵陈国,陈国吃了败仗,不但被抢走很多财宝,还被抓了很多俘虏。当时就有人评论说:"善不可失,恶不可长,其陈桓公之谓乎!长恶不悛,从自及也。虽欲救之,其将能乎?"陈桓公不广结善缘,让恶因滋长,到后来还不知悔改,随之而来的就是自取祸害,别人想救也救不了。"长恶不悛"演变成"怙恶不悛",指称人作恶多端,不肯悔改。

■ 恶贯满盈

商朝末年,纣王暴虐无道,百姓生活痛苦,许多势力都想要推翻这个失败的政权。当时的周文王在他的封地上广施仁政,得到了不少民心,诸侯也来归附。他过世以后,周武王继位,率领诸侯起兵伐纣。《尚书》记载,军队在孟津渡过黄河的时候,周武王聚集大军,对将士们发表宣言说:"商罪贯盈,天命诛之。"意思是商朝已经犯下太多罪行了,就像用绳子穿的钱币,已经全都穿满了!现在不是我要去讨伐商朝,而是上天要我去做的,我如果不遵行天意,那反倒是我有大罪了!将士们听了周武王的宣言,士气大增,在牧野一战,大败商朝军队,推翻了纣王,建立了周朝。"恶贯满盈",就从这里演变而来,比喻罪大恶极。

欲

汉字源流

甲骨文	金文	战国文字	篆文	隶书	楷书

此字始见于战国文字。战国文字至楷书字形皆为从欠、谷声。"欠"为张口气散，引申可以指人，作为形符，表示义与人有关；"谷"为两山之间流水的通道，引申为低地，可注入事物，故于此作为示义的声符，表示音读。在六书中属于形声兼会意。

本义为想得到满足的意念愿望，如"食欲""情欲"。引申为期望、希求，如"为善不欲人知"。引申为想要，如"痛不欲生""欲罢不能"。也引申为将要，如"垂涎欲滴""摇摇欲坠"。

■ 蠢蠢欲动

《左传》记载，春秋时期，子大叔跟着郑定公出访晋国，要会见范献子。当时中原局势动荡不安，周景王驾崩后为了争夺王位，王室大乱，最后是由晋国出面，才平定了这件事。范献子为此总是感到忧心忡忡，就问子大叔："我们对王室应该怎么办呢？"子大叔回答："我这老头子，对自己的国家都没力担心了，哪还管得着王室？现在王室蠢蠢不安，像我们这样的小国，确实会觉得害怕。（'今王室实蠢蠢焉，吾小国惧矣。'）至于大国的忧虑，我们又怎么会懂呢？你们身负重责，希望可以及早对这些事做出应对之策。王室不得安宁，可以说是晋国的耻辱啊。""蠢蠢欲动"，就从"今王室实蠢蠢焉"演变而来，比喻人意图为害作乱。

■ 欲罢不能

颜渊是孔门弟子中最被孔子看重的一位，他曾经发表过对孔子的看法，说："仰之弥高，钻之弥坚；瞻之在前，忽焉在后。

夫子循循然善诱人，博我以文，约我以礼。欲罢不能，既竭吾才，如有所立卓尔。"意思是说，老师的学问深不可测，让人越是仰望就越觉得高，越去钻研就越觉得深。常常以为自己已经有点了解了，能够跟上老师的步伐了，可来到他的跟前，突然间发现又落后了一大截。虽然如此，老师总是很有步骤地引导我们，丰富我们的知识，又用礼教约束我们，让我们越学越有兴致，想要停止都停不下来。"欲罢不能"，形容想要停止却停不下来。

■ 欲速则不达

子夏是孔子的得意门生。有一次，他要到莒父这个地方去担任行政长官。临行前，他向孔子请教为政之道。孔子说："无欲速，无见小利。欲速，则不达；见小利，则大事不成。"意思是说，不要求快，也不要只顾眼前的小利益。只求快反而无法达到目的；只顾小利，也会因此做不了大事。虽然事情做得快是好的，但如果只把快当作唯一目的，就难免马虎随便，错误百出。这样一来，还得花更多的时间去补救，事情反而耽误了。"欲速则不达"就是这个意思。

宋太祖赵匡胤刚建国的时候，统治的地方只有黄河、淮河流域一带，北方、西方和南方都还有其他势力存在，这让宋太祖坐立难安，总是想要赶快消灭这些小国，统一天下。太祖问大臣魏仁浦说："我想亲自带领军队去讨伐北汉，你觉得怎么样？"魏仁浦觉得北汉有契丹作为后盾，宋朝的军力不足以战胜他们，就回答说："欲速不达。"可是太祖并没有听从他的劝告，一意孤行，后来果然因为契丹派军支持，导致宋朝军队无功而返。

思

汉字源流

| 甲骨文 | 金文 | 战国文字 | 篆文 | 隶书 | 楷书 |

从金文、战国文字以及篆文字形观之，思从心，表示内心的状态；从囟，表示头脑的思维。在六书中属于异文会意。隶变之后，囟与田同化，已不易看出原来的形义。

音读 sī，本义为思考、考虑，也表示怀念、想念，如"思念""思乡"。由思考、考虑引申为思路、构思，如"文思泉涌"。由怀念、想念引申为心绪，如"愁思""哀思"。再引申为希望，如"穷则思变"。也假借为姓。

另音 sāi，见于"于思"一词。

■ 三思而行

季文子是鲁国大夫，手里掌握着鲁国的实际政权，虽然地位显赫，日常生活却十分节俭。他的家里没有人穿锦帛做的衣服，都只穿布衣；马厩里的马也只喂草料，不吃粟米；至于日常生活里用到的器具也都只讲求实用，不在乎精致名贵。所以人们都说季文子是个清廉又忠诚的人。季文子还有一个特点，就是做事很谨慎，往往一件事情要想了又想才能决定。《论语》记载："季文子三思而后行。"但是，孔子认为，季文子小心谨慎固然是优点，但如果太瞻前顾后，犹豫不决，反而会让优点变成缺点，所以孔子说："再，斯可矣。"意思是一件事想两次就够了。"三思而行"，比喻做事非常谨慎。

■ 集思广益

三国时期，诸葛亮教导属下为官之道时曾说："参与政事时，要能够结合大家的智慧，吸取有益的意见。如果因为怕得罪人，不敢讲不同的意见，讨论出来的结果就会容易有所缺失。如果经过反复讨论，最后能得出合适的结论，那就像淘选出宝物一样。如果你们敢言又勤劳，对国家尽心尽力，那我犯错的机会，也会少很多。"（"夫参署者，集众思广忠益也。"[《三国志》]）"集思广益"，指集结众人的智慧，广泛吸收有益的意见。

■ 顾名思义

《三国志》记载，魏国有个名为王昶的武将，为人谨慎敦厚，在帮他的侄子取名字的时候，一个取名叫作默，字处静；一个叫沈，字处道。替自己的儿子取名字，则一个叫浑，字玄冲；一个叫深，字道冲。他同时还写了一篇文章训诫他们说："我给你们取的名字，就是希望你们可以深沉静默、淡泊谦虚。（'欲使汝曹顾名思义，不敢违越也。'）你们看到自己的名字，就能想到其中的含义，为人处世不会违背它。"后来"顾名思义"被广泛地用来比喻看到名称，就能联想它的含义。有时候也有不好的意思，指单单看到字面就去穿凿附会，不求甚解。

恐

汉字源流

| 甲骨文 | 金文 | 战国文字 | 篆文 | 隶书 | 楷书 |

战国文字、篆文字形从心,表示内心的状态;巩声,表示音读。在六书中属于形声。金文及《说文》古文都仅作"工"声。隶变作恐,楷书沿之而定体。

本义为畏惧、害怕,如"惶恐""恐慌"。引申为恐怕、可能,用来表示猜测或估计,如"恐非如此""内情恐不单纯"。

■ 有恃无恐

《左传》记载,鲁僖公二十六年的夏天,齐孝公亲自率兵,要攻打鲁国北部的边境。鲁僖公得到消息,立刻指派大夫展喜带着酒食财物前去慰劳齐国的军队。展喜一到齐国,齐孝公就问他:"你们鲁国人害怕吗?"展喜回答:"平民百姓会害怕,君子则不会。"齐孝公说:"你们国家府库空虚,野地里连青草也看不到,怎么不害怕?"("室如悬罄,野无青草,何恃而不恐?")展喜解释说:"其实这都是仰赖先王啊。过去,我们鲁国的先祖周公跟齐国的先祖姜太公一起辅佐周成王的时候,曾经立下盟誓,说世世代代的子孙都不能互相为难、伤害彼此。你们齐桓公在位的时候,也尽力在协调、解决诸侯之间的问题和纷争,遵守盟约的精神,而成为一方霸主。现在您即位了,诸侯们也都相信您会遵守先王的盟约,互相帮助,不会彼此残杀。正因为这样,我们才一点也不害怕。"展喜的这一番话果然起了作用,齐孝公听了以后就撤兵回国了。齐孝公说的"何恃而不恐",后来演变成"有恃无恐",形容因为有所依靠,就没什么好顾忌的。

争先恐后

"争先"与"恐后"分别来自不同出处。"争先"出自《左传》。晋国跟楚国准备歃血盟誓,可是他们又在争执谁要先歃血("晋、楚争先")。古代举行盟会时,会把牲口的血涂在嘴上,以此来表示诚意。晋国人认为,晋国一向是诸侯的盟主,从来都是先歃血的。楚国人认为,晋国和楚国地位对等,两国交换主持诸侯的结盟已有很长一段时间了,怎么能说晋国一直是盟主呢?双方因此一直争持不下。直到晋国其中一位官员主张:"诸侯们归附的,是晋国的德,而不是晋国到底是不是盟主。不如多花点力气在修养上,不要为了歃血争先了。"晋国人被说服,让楚国先歃血。

"恐后"则出自《汉书》。西汉末年,王莽感觉到汉朝国力衰微,快要走到尽头了,所以心生贪念,以外戚的权势,作威作福,擅自发布命令。诸侯察觉局势,都纷纷去讨好王莽,把他当作最尊贵的人,向他叩头,奉上印玺,唯恐自己行动比较慢,落于他人之后。("汉诸侯王厥角稽首,奉上玺韨,惟恐在后。")有的则歌颂王莽的功德,极尽谄媚,令人感到悲哀。"惟恐在后"变成了"恐后"。"争先恐后",指互相争先,生怕比别人落后了。

忧

汉字源流

甲骨文	金文	战国文字	篆文	隶书	楷书

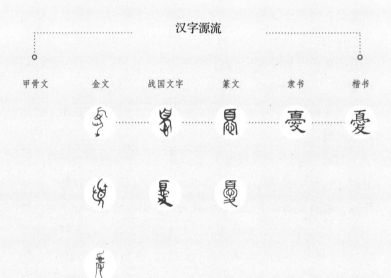

金文的形构或作人以手掩面之形，或作从心从页之形。战国文字、篆文或作从心从页作惪者，乃为忧的本字，表示忧心形于颜面。在六书中属于异文会意。字形又或从夊、惪声作忧者，本义为"优雅和缓之行貌"，惪、忧本异形异义，忧之字形被忧愁的惪字袭取后，"优雅和缓之行貌"的原义遂废而不用。从心表示心意；惪声，表示音读。在六书中属于形声。隶书变作憂，楷书沿之而定体。

本义为愁、心中难过，如"忧伤""忧愁"。引申为让人发愁担心的事，如"解忧""忧患余生"。引申为担心、烦恼，如"忧心""烦忧""杞人忧天""忧国忧民"。也用为疾病的代称，如"有采薪之忧，不能造朝"（《孟子·公孙丑下》）。在书面语中，也指父母的丧事，如"丁父忧""居母忧"。也假借为姓。

■ 杞人忧天

《列子》记载，从前有个杞国人，因为整天担心天会塌下来而睡不着觉，吃不下饭。有人开导他："天其实是气聚集的，你本来就是整天在这团气里活动呼吸，担心它崩塌干什么呢？"他听了以后，不但没有因此放心，反而又担心起那个气体聚成的天会不会支撑不住日月星辰的重量，日月星辰会不会掉下来。那人只好又劝他说："日月星辰也不过是气体中发亮的部分，即使坠落也不会伤人的呀！"终于，他停止了对天的担忧，但是竟然又转而忧虑起地，不知道什么时候地会塌陷。那个人接着解释："地是土块累积成的，这些土密密实实地堆在每个角落，你整天在上面走，为什么要担心地会塌？"这个杞国人听完以后，心里的疑虑才终于消失。"杞人忧天"，比喻缺乏根据且没有必要的忧虑。

■ 高枕无忧

战国时期，齐国孟尝君的门下有一个叫作冯谖的门客。有一次，冯谖替孟尝君到薛地去收债，可是他不但没把钱收回来，反而把欠条全烧了。薛地人民都以为这是孟尝君的恩泽，对孟尝君十分感激。可是孟尝君却对冯谖的举动非常不理解。冯谖解释说，他这是帮孟尝君买了"义"。后来，孟尝君被齐王解除官职，回到薛地居住。到了薛地，受到人民的热烈欢迎，孟尝君这才了解冯谖的用心。冯谖对孟尝君说："狡兔三窟，才能在紧急的时候逃过猎人的追捕。你现在只有一窟，还不能高枕无忧。（'未得高枕而卧也。'）我还要再帮你找别的安身之所。"于是，冯谖去见梁惠王，建议说如果能请到孟尝君的话，梁国一定能国富兵强。梁惠王听了冯谖的话，派人去请孟尝君，连续请了三次，冯谖都叫孟尝君不要答应。齐王得知梁国一直去请孟尝君，连忙也派人请他重新回到齐国当相国。冯谖要孟尝君向齐王请求，在薛地兴建宗庙，以确保薛地的安全。当宗庙建好之后，冯谖就对孟尝君说："现在你可以无忧无虑，把头枕得高高的睡觉了。"（"三窟已就，君姑高枕为乐矣。"）"高枕无忧"，用来形容没有烦恼。

■ 忧心如焚

《诗经·小雅·节南山》讽刺的是西周末年的太师尹氏。尹太师位极人臣，深受重用，却不替人民谋福祉，贪污乱政，陷国家于危难。"忧心如惔，不敢戏谈。国既卒斩，何用不监？"国家都快灭亡了，每个人都忧心忡忡，可是位高权重的尹太师为什么不好好行使自己的职责呢？"忧心如惔"，就是形容人民心里的焦虑，像被火烧着一样。后来变成"忧心如焚"，形容非常着急忧虑。

虑

汉字源流

| 甲骨文 | 金文 | 战国文字 | 篆文 | 隶书 | 楷书 |

金文字形从心、吕声，作㥣。战国文字、篆文字形从心、虍声。从心表示心意；虍声，表示音读。在六书中属于形声。隶书变作慮，楷书沿之而定体。

本义为思考、谋划，如"考虑""思虑""深谋远虑"。引申为担心、忧虑，如"挂虑""顾虑"。也假借为姓。

■ 处心积虑

《春秋》记载："夏五月，郑伯克段于鄢。"这段史料说的是春秋时期，郑伯即位，故意放任他的弟弟共叔段一直扩张领土，直到后来企图谋反，抢夺王位。郑伯知道之后，派兵攻打，在鄢这个地方打败了共叔段。《穀梁传》针对这段经文做出了评论："甚郑伯之处心积虑成于杀也。"弟弟共叔段做的错事，更超过郑伯故意放纵、"处心积虑"想看弟弟酿成祸事的行为。"处心积虑"就是从《穀梁传》来的，形容千方百计、蓄谋已久。

■ 深谋远虑

汉代的贾谊写了一篇《过秦论》，讲述秦朝治国的过失。秦朝末年，陈涉起义想推翻秦朝，当时的百姓因为都苦于秦朝苛政，就一起加入起义军。贾谊认为，陈涉的地位低微，武器不精良，军队也比不上过去的战国诸国，谋略用兵更不及以前的将士。（"深谋远虑，行军用兵之道，非及曩时之士也。"）可是他最终还是取得了胜利，这完全是因为秦王不施仁政、自毁长城。把资源有限的陈涉跟当时"深谋远虑"的高官名将做比较，这

情感篇 417

样一个平民竟然能成功，就更能凸显秦王治国的重大过失。"深谋远虑"，指计划周密，对事情考虑得很深远。

■ 殚精竭虑

　　唐朝的白居易出生在一个小官吏的家庭，青年时期，因为战乱而颠沛流离。长期贫困与居无定所的生活让白居易真实体会了人民的痛苦，其文学作品很能反映现实世界。白居易仕宦生涯的前期，可以说是一帆风顺，二十多岁就进士及第，后来又被拔擢为翰林学士。在这个时期，他有感于自身所见所闻，很有经世济民的使命感，所以针对当时的经济、政治、军事、文教各方面的弊端都提出改革意见，大声疾呼统治者应该以民为重，写成一系列的文章，叫作《策林》。文章里提了汉代朱云的事迹。朱云是西汉时期的人，成帝在位的时候，他上疏求见皇帝，当着众臣斥责丞相为佞臣。成帝当然大发雷霆，叫人把朱云拖出去，可是他死命地攀着殿里的栏杆，即使栏杆被折毁了，他还是大声地说出谏言。这件事情过去之后，有人要把栏杆换成新的，成帝却让人把它保留下来，用来表彰这个刚直的臣子。白居易借着这件事情，赞美皇上有纳谏之心，更点明臣子有直谏的义务。他写道："贱臣得不有犯无隐，以副陛下纳谏之旨乎？殚思极虑，以尽微臣献言之道乎？"意思就是，皇上既然有纳谏的心，我又怎么能不直言相劝，用尽思虑来达成进言的义务呢？"殚精竭虑"就是从白居易这句"殚思极虑"演变而来，意思是竭尽精力跟思虑。

怜

汉字源流

甲骨文	金文	战国文字	篆文	隶书	楷书

此字始见于篆文，形构作从心、粦声。从心，以心表示与心境相关；粦声，表示音读。在六书中属于形声。隶书变作憐，楷书沿之而定体。

本义是怜惜、同情，如"怜悯""怜恤""同病相怜"。引申为疼爱，如"惹人爱怜""怜香惜玉"。

■ 楚楚可怜

孙绰是东晋太原人，是很有名的辞赋家，同时也是一位志节高尚、不会去趋炎附势的官吏。东晋非常盛行清谈的风气，文学作品也可以反映出这一点。在诗里寄托一种黄老思想，就成了玄言诗。孙绰与许珣就是这种诗风的代表。他把满腹的情感都寄寓名山大川以及诗文之中，写了《遂初赋》《天台山赋》这些作品。《世说新语》记载了关于孙绰的一则事迹。孙绰的《遂初赋》写的是隐居之乐。当时他把房子建在山谷，过着满足于当下的生活，不再奢求其他，表明自己不去追逐名利，还在屋子里面种了一棵松树，很细心地亲手照顾它。有一次，他的邻居看到了，就跟孙绰说："小松树纤弱的模样，虽然看起来很柔嫩可爱，但是永远无法成为有用的栋梁啊！"（"松树子非不楚楚可怜，但永无栋梁用耳！"）"楚楚可怜"，形容姿态娇媚纤弱、惹人怜爱。也用来指处境不好，让人怜悯。

■ 同病相怜

《吴越春秋》记载了春秋时期吴国跟越国的历史，而在这段历史中伍子胥毋庸置疑是个重要角色。伍子胥原本是楚国人，他的父亲跟哥哥都是楚国的大臣，可是后来楚王听信谗言，杀了他们，伍子胥只好逃到吴国。他受到当时还没有即位的吴王阖闾的重用，并帮助后者登上王位。楚国有一个叫白喜的人，他的祖父因平王听信谗言而被杀了，他因此投奔吴国。伍子胥知道以后，就向吴王引荐他，让他也同样受到重用，一起商讨国事。于是，有个大臣心里就觉得很疑惑了，他问伍子胥："为什么你刚认识白喜就这么信任他呀？"伍子胥回答："因为我们的遭遇都是一样的啊。'子闻河上之歌者乎？同病相怜，同忧相救。'有一样处境的人，都能够互相体谅和理解。生了一样的病的人，更能怜悯彼此，有同样烦恼的人，也能互相帮忙。我的所作所为，就是同病相怜。有谁不会因为思乡而更同情跟自己有同样遭遇的同乡呢？""同病相怜"，指同样有不幸遭遇的人，互相同情。

■ 摇尾乞怜

韩愈在参加吏部博学宏词科考试的时候，曾经写了一封信给朋友（这封信名为《应科目时与人书》）。信里面说，自己虽然像是龙困浅滩，但还是不愿意糟蹋人格，向人谄媚讨好，卑躬屈膝地乞求别人的帮忙。（"若俯首帖耳，摇尾而乞怜者，非我之志也。"）"摇尾乞怜"，形容人有所请求，卑躬屈膝向人讨好，像是摇着尾巴、讨主人欢心的小狗一样。

怨

汉字源流

| 甲骨文 | 金文 | 战国文字 | 篆文 | 隶书 | 楷书 |

此字始见于战国文字。战国文字、篆文字形从心，表示内心的状态；夗声，表示音读。《说文》古文从心，宛省声。在六书中皆属于形声。隶书变作怨，楷书沿之而定体。

本义为怨恨，如"恩怨""抱怨"。也表示责怪，如"怨天尤人"。引申为哀愁的、不满的，如"怨妇""怨言"。

■ 自怨自艾

《孟子》阐述了仁义道德的重要性。孟子强调古代的君王传贤不传子，所以有尧禅让给舜，舜禅让给禹的事迹。后世的王位传承虽然改成父死子继，可是如果不能顺应天命，施行仁政，还是无法长久地坐拥天下。孟子举了商朝的例子来印证。商朝有一位大臣伊尹，他辅佐过很多君王，从商汤、商外丙、商中壬一直到商太甲。商太甲荒淫无度，伊尹非常生气，于是就将他放逐到桐地三年。太甲在桐这个地方待了三年，听从伊尹的教诲，用仁义为人处世，伊尹才让他回复原本的地位。（"太甲悔过，自怨自艾，于桐处仁迁义。"）这里面说的"自怨自艾"，原本是自我检讨、改过向善的意思，但现在我们多用来形容人消极地埋怨自责。

■ 任劳任怨

"任劳任怨"是由两个出处不同的词语组合而成。"任劳"从《盐铁论》而来。汉昭帝在位时，读书人都在讨论盐铁官营的政策。有人强调，身为国家的官员必须要"蒙其忧，任其劳"，为该做的事情去烦恼，并且尽力去实行，负起责任，维持国家治安，让国家强盛。

"任怨"则出自《汉书》。汉元帝时，大臣石显势力庞大。他怕自己树大招风，有人会在元帝身边说他的坏话、抨击他，所以就想出一个方法。他先向元帝请求能够自由地进出宫门，然后故意回来得很晚。不久，果然有人控告石显，说他假传圣旨，擅闯宫门。元帝看了，笑着把奏章拿给石显看。石显流泪说："类似这种情形已经不止一次了，只有英明的君主才知道我的忠心。但我出身微贱，无法以区区之身承受天下人的怨恨。请陛下准许我辞去现在的职位，负责清洁洒扫的工作就可以了。"（"愚臣微贱，诚不能以一躯称快万众，任天下之怨。"）"任天下之怨"和"任劳"的典故后合用成"任劳任怨"，形容人做事热心负责，不辞劳苦，不怕嫌怨。

■ 怨天尤人

孔子的学生子贡问："老师，您是个什么样的人呢？"孔子回答："不怨天，不尤人，下学而上达。知我者，其天乎！"意思是说自己在遭受挫折的时候，不埋怨上天，也不责怪别人，随时随地都在学习身边的事物，而且对人生哲理的探究已经到达很高的境界，只有上天才了解我啊。《论语》原文的"不怨天，不尤人"演变为"怨天尤人"，比喻面对不如意时只会责怪他人，而不能自我检讨。

愤

汉字源流

| 甲骨文 | 金文 | 战国文字 | 篆文 | 隶书 | 楷书 |

此字始见于篆文。篆文字形从心，以心表示与心境相关；贲声，表示音读。在六书中属于形声。隶书变作愤，楷书沿之而定体。

本义是想了解却有困难，如"不愤不启，不悱不发"（《论语·述而》）。也表示生气、因心中不悦而发怒，也作"忿"，如"愤怒""愤世嫉俗"。也有怨恨的意思，如"公愤""难消心中之愤"。

■ 愤世嫉俗

韩愈尊崇儒术，排斥佛老，是唐朝很有成就的文学家，也是政治家。韩愈精通六经百家之学，笔耕不辍，能驾驭各种体裁。因为个性耿直，直言极谏，他一再被贬官，可是不论到了哪里，都留下很好的政绩。韩愈才华横溢，却一直得不到重用，所以借着文字把志向与生命都发挥到极致。他主张写文章的时候，要有充实的思想内容，讨厌南北朝以来的浮华文风，也身体力行这样的理念。他的作品带动了文学的革新，不仅影响当时，也深深影响了后来的宋代。

《崔山君传》选自韩愈的《杂说》，对不合理的社会现状表达了强烈的愤怒和不满。韩愈有感而发，认为很少有人可以真的完全异于禽兽，并把人的特性发挥到极致。而少数能够做到这点的人却又"愤世嫉邪"，想要归隐，因为这个世道太混乱了。过去的许多圣人身上都有禽兽的特征，有的身体像蛇，有的嘴巴像鸟，可是他们只是外貌跟禽兽相似；有的人长得好看，外表人模人样，行为却像禽兽一样。"愤世嫉俗"就从韩愈所说的"愤世嫉邪"演变而来，表达痛恨庸俗的世态以及腐败的社会现状。

■ 义愤填膺

《后汉书·逸民列传》是作者范晔为东汉的一些隐居人士所写的。在书序里，范晔提到了他为这些人立传的原因。西汉末年，王莽篡位，当时的读书人非常生气（"士之蕴藉，义愤甚矣"）。见到传统文化被破坏殆尽，都不愿意再出来为国家效力，纷纷隐居起来，来坚守自己的意志。范晔认为这种高尚的品行，是值得为他们立传的。"义愤"是指人们看到王莽趁汉室衰微夺取政权，内心充满了正义的愤怒。

"填膺"则出自唐代的边塞诗人高适。朋友要到外地就任，他写了一首《饯宋八充彭中丞判官之岭南》来饯别。诗里说，从前看到朋友有才能却不受重用，一直为他感到委屈（"睹君济时略，使我气填膺"）。而今天，终于有机会当官，必须立刻前往岭南上任。高适在诗里面除了不舍之外，也叮咛朋友到了异地应该注意的事情。诗中的"气填膺"是因怀才不遇感到不平，气愤填满胸中。

"义愤填膺"，指胸中充满因正义而激起的愤怒。

畏

汉字源流

| 甲骨文 | 金文 | 战国文字 | 篆文 | 隶书 | 楷书 |

甲骨文字形从鬼持棍，鬼字兼表声。鬼的形象丑恶，又持棍作扑打之状，使人产生恐惧、害怕之心。金文承甲骨文字形而来。战国文字字形改为从鬼、从止。篆文讹变为上从甶（鬼头之形），下形误为"从虎省"，以强调"鬼头虎爪"，令人恐惧。《说文》古文讹变为上从鬼头之形，下从巛（为鬼身及止字之变形）。隶书、楷书皆承篆文字形而来。在六书中属于形符不成文的形声字。

本义是恐惧、害怕，如"人言可畏""无所畏惧"。引申为险恶的、可怕的，如"视为畏途"。又引申为敬服，如"敬畏""后生可畏""畏天悯人"。也假借为姓。

畏首畏尾

《左传》记载，春秋时期，晋国跟楚国争着要当诸侯的盟主。有一次，晋国和诸侯会盟，郑国却没有来参加，晋国就怀疑郑国有二心。郑国国君得知这个消息以后，写了一封信给晋国国君，他说："我们郑国虽然小，但是三年来一直都去朝见晋君，尽了最大的诚意。你们竟然一点都不顾念，还是怀疑我们的忠诚。今天大国只要说自己不满意，觉得别人没有满足他们的想法，我们这些小国就要亡国。一旦我们被逼得走投无路，就会像被猎人追捕的鹿一样，为了逃命，匆忙之间无暇选择，只能随便找一个庇护之所。如果晋国一直对我们处处威逼为难，那么说不定郑国在穷途末路之际会不惜赌上亡国的下场，也要用全部兵力抵抗晋国，或真的倒向楚国。""畏首畏尾，身其余几"，形容郑国的处境是前头也怕，后头也怕。既担心楚国来攻，又害怕晋国来犯。"畏首畏尾"，就是疑虑顾忌，胆小怕事。

■ 后生可畏

孔子是春秋时期鲁国人。当他在鲁国从政的时候，鲁国一度被治理得很好，可是后来他却因为政治理念跟国君不合而离开了鲁国。孔子花了十三年时间周游列国，却还是没有受到其他国君的重用。到了晚年，孔子回到鲁国，把精力全部放在古代典籍的整理上。孔子秉持着"有教无类"的精神，开创了平民教育的先河，门下有弟子三千。这些学生将孔子和弟子或者与当时人的对话、问答记录下来，这就是《论语》。此书除了可以直接理解儒家思想的核心，也可以了解孔子的治学方式。孔子一生在政治上未能施展抱负，所以对门下弟子的期许就格外高。孔子曾说："可别小看年轻人啊。我们怎么知道他们将来的成就不会超过我们这一辈呢？如果一个人到了四五十岁还没有任何可以称道的成就，那他也不会有什么了不起的作为了。"这段话一方面表现了孔子对年轻人的期待，一方面也是警示、勉励年长者，如果只会倚老卖老而不肯努力，很快就会被后生晚辈赶上。

《论语·子罕》篇："后生可畏，焉知来者之不如今也？""后生可畏"，比喻年轻人的成就超越前辈，令人敬畏。

■ 人言可畏

《诗经》里有一首诗《将仲子》，写的是一名女子拒绝了别人的求爱。虽然女子也对求爱的人有意，可是害怕家人跟街坊的闲言闲语,因此要求对方不要再追求她了。女子虽然也很思念他,但是"人之多言,亦可畏也"。别人的多嘴闲话也是很可怕的。"人言可畏"就是说众人的流言蜚语是很可怕的。

恭

汉字源流

| 甲骨文 | 金文 | 战国文字 | 篆文 | 隶书 | 楷书 |

此字始见于战国文字，由共的字根加偏旁来显现恭敬之义。文献中原先仅使用"共"字。从战国文字、篆文到隶书、楷书，恭字都是从心、共声。从心，表示内心的状态；共声，表示音读，也说明心中具备恭敬之义。在六书中属于形声兼会意。隶书变作恭、恭，楷书沿之而定体。

本义为敬肃、恭敬，如"毕恭毕敬""恭迎大驾"。也有遵行、奉行的意思，如"夙夜恭职"。引申为拱手致意的礼节之名，如"打恭作揖"。也假借为姓。

■ 玩世不恭

东方朔是汉武帝的大臣，他不但聪明、幽默，还很有正义感。他的人生观可以从他训诫儿子时的话语中看出："首阳为拙，柱下为工；饱食安步，以仕易农；依隐玩世，诡及不逢。"（《汉书》）"首阳"指的是伯夷、叔齐饿死在首阳山里的事情。伯夷、叔齐认为，周文王身为臣子却以武力推翻自己的国君商纣王，这是不合乎道统的，所以拒绝食用周朝土地上长出来的食物，最后饿死在首阳山上。"柱下"则指老子，他在周朝推翻商朝后，受邀担任掌管国家典籍的官员。就职以后，老子专注于自己的工作，对于周朝的政事不闻不问。东方朔认为像伯夷、叔齐隐居首阳山，自以为清高，并不聪明；要像老子一样，虽然做官，却像隐者一样，才是有智慧的。因此，东方朔劝他的儿子，不是只有身为农夫才算隐居，也可以在朝为官，用轻松的态度面对世事，可以免招祸事。"玩世不恭"即从这里演变而出，表示用轻松惬意的态度去为人处世，秉持大智若愚的精神。但后来在使用

情感篇 433

"玩世不恭"时已非东方朔的本意，反而是一种消极颓丧、游戏人间的人生观。

■ 前倨后恭

苏秦是战国时期的纵横家，他原本想在秦国做官，连续尝试了十次，都不被录用，只能丧气地回家。回家后，家人都看不起他，于是他闭门苦读。后来苏秦去各国游说，主张合纵政策，说服了楚、齐、燕、韩、赵、魏六个国家结为同盟，联合对付秦国。苏秦也因此担任六国宰相，佩有六国相印，让秦国不敢往东边侵略其他的国家。有一次，苏秦经过故乡洛阳，父母知道他要回来，远远地就在路口迎接他，妻子更是不敢正眼看他，嫂嫂也对苏秦又跪又拜。苏秦看了，说："嫂嫂，你为何'前倨而后卑也'？"嫂嫂回答："你现在做了大官，既尊贵又有钱啊！"苏秦叹了口气说："唉！贫穷的时候父母都不把你当儿子看待，到了大富大贵的时候，亲友都害怕你，难怪人们都那么看重权势和钱财！""前倨而后卑"演变成"前倨后恭"，比喻势利眼，态度转变得很快。

悦

汉字源流

| 甲骨文 | 金文 | 战国文字 | 篆文 | 隶书 | 楷书 |

此字始见于战国文字，从心、兑声。隶书、楷书同。字从心为义符，表示心的一种状态；从兑为声符，有兼义的功能。依《说文》，"兑"字本义为"说（悦）也"，与"悦"同义，因此"悦"从"兑"声有兼义的功能。在六书中属于形声兼会意。

本义是快乐，如"和颜悦色""民用悦服"（人民因此快乐服从）。当动词用则为使愉快、使快乐，如"悦耳""赏心悦目"。又引申为喜爱，如《史记·秦始皇本纪》载："庄襄王为秦质子于赵，见吕不韦姬，悦而取之，生始皇。"（庄襄王为秦国到赵国当人质，见到吕不韦的美姬，喜爱她而娶了她，生了秦始皇。）又引申为悦服，如《孟子·滕文公上》："及至葬，四方来观之，颜色之戚，哭泣之哀，吊者大悦。"（等到滕文公下葬时，四方众人都来观看。世子然友脸色非常悲戚，哭声很哀痛，来慰问的人大为悦服。）也假借为姓。

■ 心悦诚服

孟子是战国时期的邹国人，他主张"人性本善"，和后来荀子提出的"性恶说"相对。在政治上，孟子提倡王道，反对霸道，主张为政者应该要重仁义、轻功利。孟子认为，假借仁义道德，却用武力去治理国家，这叫作"霸"；要完成霸业，必须有强大的国力才有可能。如果用美德来推行仁政，这叫作"王"；要完成王业，不必等到国家强大。比如商汤，只有七十方里的土地，周文王也只有一百方里，可是他们因为以德服人，所以推翻了夏、商。如果用武力来征服人，被征服的人一定不是真正地服从，只是因为自己的力量太小，不足以反抗才勉强屈服；但如果是因为施行仁义，让人服从，那么那些归顺的人就都是心甘情愿被统治的，好比孔子那七十二个学生一样。（"以德服人者，中心悦而诚服也，如七十子之服孔子也。"）孟子话中的"中心悦而诚服也"演变成"心悦诚服"，意为诚心诚意地归服。

■ 赏心悦目

"赏心"出自南朝谢灵运写的《拟魏太子邺中集诗序》。谢灵运喜欢游山玩水，并把自己所看到的美好山水景色写成诗词，抒发情感，进而开创了山水写实派风格。谢灵运曾经提到建安末年的时候在邺下与文人朋友一同郊游的情形。"天下良辰、美景、赏心、乐事，四者难并"，此次能和许多优秀的文人一起出游玩乐，这些愉快的事情，就能够一次享受到了。

"悦目"则出自西汉刘向的《说苑》。刘向著作颇丰，《战国策》《楚辞》也都是由他整理而成。刘向在《说苑》中说："衣服容貌者，所以悦目也，声音应对者，所以悦耳也。"意思是一个人衣冠端正，是为了要让看的人感到舒服；谈吐得宜，是为了让听者高兴。施政者也是一样，施行仁政，就是要让人民能过得好。"赏心""悦目"合并使用，形容情景美好，让人感到快乐舒畅。

■ 近悦远来

春秋时期，孔子周游列国。他来到楚国的叶县时，叶县的长官叶公向孔子请教应该如何去治理一个地方。孔子回答道:"近者说,远者来。"意思是善待当地的居民,改善他们的生活,让近处的人民心悦诚服。这样一来,远方的人也就愿意前来归附了。"近悦远来",形容施政得宜。

Copyright © 2020 by SDX Joint Publishing Company.
All Rights Reserved.
本作品版权由生活・读书・新知三联书店所有。
未经许可，不得翻印。

图书在版编目（CIP）数据

成语解字／杨渡，冯翊纲编著．—北京：
生活・读书・新知三联书店，2020.12
（中学图书馆文库）
ISBN 978-7-108-06951-1

Ⅰ．①成… Ⅱ．①杨… ②冯… Ⅲ．①汉字－研究
②汉语－成语－研究 Ⅳ．① H12 ② H136.31

中国版本图书馆 CIP 数据核字（2020）第 159992 号

特约编辑　吴　彬
责任编辑　王振峰
装帧设计　刘　洋
责任印制　张雅丽
出版发行　生活・讀書・新知 三联书店
　　　　　（北京市东城区美术馆东街 22 号 100010）
网　　址　www.sdxjpc.com
经　　销　新华书店
印　　刷　三河市天润建兴印务有限公司
版　　次　2020 年 12 月北京第 1 版
　　　　　2020 年 12 月北京第 1 次印刷
开　　本　787 毫米 × 1092 毫米　1/32　印张 14
字　　数　288 千字
印　　数　0,001－8,000 册
定　　价　69.00 元

（印装查询：01064002715；邮购查询：01084010542）